U0454928

高职院校
现代学徒制的
理论与实践

于桂阳　唐　伟　黄祥元　主编

湖南大学出版社·长沙

图书在版编目（CIP）数据

高职院校现代学徒制的理论与实践/于桂阳，唐伟，黄祥元
主编. —长沙：湖南大学出版社，2021.8
ISBN 978-7-5667-2251-5

Ⅰ.①高… Ⅱ.①于… ②唐… ③黄… Ⅲ.①高等职业教育—
学徒—教育制度—研究 Ⅳ.①G718.5

中国版本图书馆 CIP 数据核字（2021）第 136886 号

高职院校现代学徒制的理论与实践

GAOZHI YUANXIAO XIANDAI XUETU ZHI DE LILUN YU SHIJIAN

主　　编：于桂阳　唐　伟　黄祥元
责任编辑：吴海燕　申飞艳
印　　装：广东虎彩云印刷有限公司
开　　本：710 mm×1000 mm　1/16　印张：13.25　字数：217 千字
版　　次：2021 年 8 月第 1 版　印次：2021 年 8 月第 1 次印刷
书　　号：ISBN 978-7-5667-2251-5
定　　价：42.00 元

出 版 人：李文邦
出版发行：湖南大学出版社
社　　址：湖南·长沙·岳麓山　　邮　　编：410082
电　　话：0731-88822559(营销部)，88821173(编辑室)，88821006(出版部)
传　　真：0731-88822264(总编室)
网　　址：http://www.hnupress.com
电子邮箱：463229873@qq.com

版权所有，盗版必究
图书凡有印装差错，请与营销部联系

编 委 会 名 单

主　编：于桂阳　唐　伟　黄祥元

顾　问：黄小明　翟惠根

主　任：韩立路

副主任：卢　璐　刘章胜

成　员：高　仙　卿利军　刘　成　谢雯琴
　　　　谢　求　潘爱根　詹定根

序

国家发展靠人才，民族振兴靠人才。技能人才是我国人才队伍的重要组成部分。习近平总书记对我国选手在世界技能大赛取得佳绩作出重要指示时强调，"劳动者素质对一个国家、一个民族发展至关重要。技术工人队伍是支撑中国制造、中国创造的重要基础，对推动经济高质量发展具有重要作用，要在全社会弘扬精益求精的工匠精神，激励广大青年走技能成才、技能报国之路"。

现代学徒制是教育部于 2014 年提出的，旨在深化产教融合、校企合作，进一步完善校企合作育人机制，是培养高素质技术技能人才的有效途径之一。它是一种通过学校、企业深度合作，教师、师傅联合传授，对学生以技能培养为主的创新技术技能人才培养模式。相比其他培养模式，它更加注重技能的传承，并且由校企共同主导人才培养。这种模式有利于促进行业、企业参与职业教育人才培养全过程，实现专业设置与产业需求对接，课程内容与职业标准对接，教学过程与生产过程对接，毕业证书与职业资格证书对接，职业教育与终身学习对接，提高人才培养质量、增强人才培养的针对性。

2017 年 9 月，永州职业技术学院联合湖南大北农农业科技有限公司开展第二批国家现代学徒制试点，2019 年顺利通过教育部验收。试点期间，对发达国家主要现代学徒制模式进行经验借鉴、模式改造、本土升级，取得了较好的成效，但也暴露出深层次问题。通过试点实践，校企双方在协同育人机制、招生招工一体化、人才培养模式改革、课程体系建设、教学制度和管理制度改革等方面做了积极的探索，积累了一些经验。校企双方合作为企业量身定制所需人才，学生入校即入职、在岗即试用、毕业即转正。在培养学徒过程中，校企双方倡导"四育人"教育理念，即以德育人、以技育人、以文

1

育人、以劳育人，育训结合、在岗培养，培养了支撑企业发展的"留得住、用得上、发展快"的高质量人才。永州职业技术学院现代学徒制试点工作得到了社会的充分肯定和高度关注，人民日报、三湘都市报、永州日报、中国教育网、湖南红网、湖南教育网、永州新闻网等国家级、省级媒体先后对此进行了报道。随着班级和专业的不断拓展，现代学徒制已成为可复制、可推广的新型人才培养模式。

本书从理论和实践两方面对高职院校现代学徒制进行了深度挖掘。在理论方面，探究了现代学徒制的诞生缘起、理论基础、理论框架及最新发展。在实践方面，分享了欧洲和美国等发达国家在现代学徒制实施方面的先进做法和取得的成功经验，以及对我国高职院校开展现代学徒制的启示与建议；同时，以永州职业技术学院现代学徒制试点项目为案例，详细介绍了现代学徒制试点实施情况、工作成效和实施效果，及其在各领域广泛推广使用达成的显著效果。

本书既有理论的深度探究，又有案例的丰富呈现，对高职院在校开展现代学徒制过程中面临的一系列问题具有一定的实践借鉴意义，也可对高职院校全面推进现代学徒制工作进行科学的引导。

编　者

目　次

第一章　现代学徒制的历史演变

学徒制作为职业教育的一种形式，在传承人类社会技术方面一直扮演着重要的角色，经历了较为漫长的历史发展过程，最早的师徒关系是在手工作坊中基于或近于血亲的技艺传承关系。到了工业革命时期，随着工厂制度兴起、生产规模扩大、社会分工细化等社会环境的变化，二战后，德国推行以"国家主导、市场驱动"的将传统学徒培训与现代学校教育相结合为特征的现代学徒制，即"双元制"，因其对德国经济社会发展所发挥的重要作用，被誉为德国二战后经济腾飞的"秘密武器"，也是世界许多国家进行现代学徒制探索时竞相模仿的典范。现代学徒制强大的人才培养功能和效率受到各国瞩目，因此成为很多国家经济发展和人力资源开发的重要战略。

在此背景下，现代学徒制在我国职业教育学界受到广泛关注。2011年3月，教育部副部长鲁昕在"推进国家中等职业教育改革发展示范学校建设"专题培训班上首次谈到现代学徒制，希望地方政府和企业通过组织参与现代学徒制来解决东南沿海"用工荒"的问题。2014年2月，李克强总理主持召开国务院常务会议，确定了加快发展现代职业教育的任务措施，提出"开展校企联合招生、联合培养的现代学徒制试点"，建立现代学徒制已上升为国家意志。2015年8月5日教育部办公厅公布了165家首批现代学徒制试点单位（教职成厅函〔2015〕29号），标志着我国现代学徒制的探索进入了新阶段。

第一节　学徒制的科学内涵

一、传统学徒制的概念

传统学徒制，有时也称"学徒制"，或"手工学徒制"，指在近代学校教育出现之前，手工作坊或店铺中师徒共同劳动，徒弟在师傅指导下习得知识或技能的传艺活动。一方面这种学徒培养方式培养了学徒吃苦耐劳、节俭、谦恭的意志品质，另一方面师傅亲力亲为的手教口授，便于传授给学徒精湛的技艺。它是古代社会实施职业教育的主要形式，不仅具有历史意义，对现代职业教育也发挥了积极作用。

二、现代学徒制的内涵

现代学徒制是一种将传统学徒培训方式与现代学校教育相结合的企业与学校合作的职业教育制度（赵志群，2009），是对传统学徒制的传承与发展，这是到目前为止认同度比较高的一种定义。现代学徒制涉及企业师傅、学徒（学生）、学校教师等多个角色，师徒关系更为多元和复杂，即同时存在着学生与学校教师、学徒与企业师傅、学校教师与企业师傅等多重关系。学徒（学生）学习是在两个独立的场所完成的，但只有在企业师傅和学校教师的协同合作下，才能工学结合、知行合一，达到全方位发展。

三、现代学徒制的特征

（一）以人为本，以学生（学徒）培养为中心

1995年，国际21世纪教育委员会在向联合国教科文组织提交的《教育——财富蕴藏其中》研究报告中指出，21世纪的教育"不应再像过去那样，只是从教育对经济发展产生影响的角度，而应以一种更加开阔的眼光，即以促进人的发展的眼光来确定教育的定义"。现代职业教育体系中的现代学徒制建设应强调以人为本，终身学习，以学生培养为中心，激励学生能力的充分发挥，从学生（学徒）可持续发展的角度看待现代职业教育的作用，促进社会的和谐发展。

（二）理论学习和实践学习相结合

传统学徒制主要强调学徒进行实践学习，缺乏相关理论的学习，且导师一般是一位，即学徒所拜的师傅；同时，近年来我国大部分职业院校，特别是高职院校，由于种种原因，对学生的专业教育依然是以在校理论学习为主，导师一般是本校教师，缺少实践操作。上述两种人才培养方式难以满足企业的用工需求，这在一定程度上加剧了所谓的"用工荒"，也严重影响到学生（学徒）的可持续发展。所以在现代职业教育中，现代学徒制必然强调理论学习和实践学习相结合。

（三）与时俱新和持续改进要同步

现代学徒制中所谓的"现代"也是相对的，随着时代的发展也可能会成为"传统"，这就要求现代学徒制的特征必然是与时俱新的。面对与时俱新的现代学徒制的发展，必须持续改进其目标、方式、过程等，满足现代职业教育的要求和学生（学徒）的期望。

第二节　由传统学徒制到现代学徒制

传统学徒制与现代学徒制都属于教育制度，只不过是为适应不同阶段的生产力和经济发展水平的一种生产关系。两者从历史发展的角度看，虽然具有前后延承的关系，却又有着各自的时代性特点。因此，两者之间有着密切的联系和明显的区别。

一、传统学徒制与现代学徒制的相同之处

传统学徒制与现代学徒制本质上是一致的。两者之间有许多的联系和共性特征。

（一）以契约关系为纽带

传统学徒制下师傅与徒弟之间建立契约关系，以书面契约或口头约定的形式，对师徒之间的关系、责任、义务、工作时间及报酬等进行规定。现代学徒制下，学校、企业、学生三方签订书面的培养、就业协议，学校、企业负有培养、接纳就业的义务，学生则要在学校完成学业并在毕业后到企业定

向就业。

（二）以技能传授为主要内容

学徒制在产生之初正是为了传授技能，无论是最初的父子相传还是后来的师徒相传，都是通过一定的方式实现技能的传授。到了手工业发达时期，为了满足产业发展对人才的需求，学徒制规模不断扩大，学徒们从师傅那里学到技能后才能从事手工业生产。在现代学徒制条件下，学徒（学生）从师傅（老师）那里学习技能是整个过程的关键，也是核心。

（三）重视实践操作

无论是传统学徒制还是现代学徒制，其着眼点都是学生（学徒）通过学习掌握实际操作技能或技术，以更快地适应职业或工作岗位的需要，所以在教学过程中都非常重视实践操作，都强调"做中学""师带徒"。

二、传统学徒制与现代学徒制的不同之处

现代学徒制与传统学徒制是一脉相承的，但由于所处的时代背景不同，其内涵和意义已发生了重大变化。

（一）育人主体不同

传统学徒制是以企业（或作坊、工厂）作为单一育人主体传授知识技能的，学徒的学习和生产是在生产现场、工作场所同时完成的。而现代学徒制是由企业和学校作为双主体共同参与育人的，学生（学徒）的学习一部分在学校完成，一部分在企业完成，一般学校更多的是承担知识的传授，企业则承担技能的训练和培训。

（二）师徒关系不同

传统学徒制中的学徒没有独立的社会地位，对师傅存在着一种人身依附关系，而现代学徒制中的学徒具备双重身份，不仅仅是学徒，也是一名学生，享有一名公民应有的自由和平等的权利，不再依附于师傅或雇主。这是现代学徒制发展到现代社会的显著特征。

（三）教学方式不同

在传统学徒制中，徒弟通过观察师傅的生产活动来学习，师傅通过自身生产来教授徒弟。这种传统的情景式教学方式，使得徒弟可以在真实的生产过程中观察、学习师傅的生产行为，利用机会自己动手实践，在实践中感知

领悟师傅的技能与知识，并在师傅的指导下慢慢掌握技能与知识。现代学徒制将传统学徒制"边看、边做、边学"的情景学习优势和学校教育"系统、高效、科学"的规范化学习优势相结合，是一种理论学习和实践学习相结合的现代教学方式。现代学徒制有明确的人才培养方案和教学目标，有既定的教学大纲和教材，有科学的课程设计，有具体的教学内容，有完整的教学标准和评价体系，体现了现代职业教育的科学性、专业性和规范性。

（四）学习内容不同

在传统学徒制中，需要学习的内容主要是易于观察的技术或技能，重视动手能力，较少涉及理论知识的学习。现代学徒制则将现代学校教育与传统学徒制的优势结合，既需要实践技能的培养，也需要理论知识的学习，从而培养出具备扎实理论知识和熟练职业技能的综合型高素质人才。

三、"从传统到现代"西方学徒制对我国的借鉴意义

（一）建立具有中国特色的现代学徒制推广发展理念

现代学徒制是我国目前进行职业教育改革发展的重要举措，当前试点推进工作虽在稳步进行，却也遇到诸多实际的困难和阻碍。例如我国地域辽阔，各个地区的经济发展状况、教育发展水平、人们对于现代学徒制的了解与接受状况等都各不相同，因此在其发展理念上就必须各有侧重，才能更好地实现推广目标。

西方学徒制经历了四个不同的发展阶段，各阶段政治、经济、文化环境的更替与冲突也为其发展带来许多阻碍，但面对各阶段的状况，西方学徒制表现出良好的适变性发展理念，积极融入了各个阶段的发展需求。当前，我国现代学徒制的发展也十分有必要建立起具有中国特色的区域性、适变性发展理念：根据我国东部、中部、西部的政治经济发展水平建立区域性差别化发展的学徒制推广规划；针对各地区内部的推广状况建立随时可调整的机动性措施，调节必要的推广性矛盾；打造多层次、多方向的区域间立交桥式的沟通，各区域间相互借鉴与配合，最大程度上实现现代学徒制的试点推广工作，同时也构建起具有中国特色的现代学徒制推广发展理念。

（二）创建我国现代学徒制的人才培养新模式

现代学徒制在我国推行的时间不长，整体发展仍处于初级阶段，参考西

方学徒制的发展形式的变迁，创造适配于我国现代学徒制发展的人才培养模式，将更好地实现其全面完善的发展之路。

德国的双元制、英国的"现代学徒制"、瑞士的"三方协议"等都充分表现出西方各国现代学徒制因地制宜的发展形式。诚如当年各国对德国的效仿，生搬硬套只会使得原本优秀的模仿对象出现"水土不服"的结果，我们应坚持校企合作，工学结合，深化产教融合。目前我国现代学徒制发展主要以订单制进行，校企合作不深入，工学之间顾此失彼，这非常不利于贴近市场需求，也浪费了培养资源。因而，加强学校、企业之间的沟通结合，建立师生、师徒之间的交叉性交流机制是首要任务。我们应着重丰富参与对象，打造全面型现代学徒制人才培养模式。现代学徒制并非只针对某一类技术或某一类职业人才进行教学发展，多样化的发展需求要求除学校、企业之外的第三方培训机构甚至跨领域专家、民间手艺人等共同为现代学徒制的发展贡献力量。制订本土化适配性的现代学徒制培养手册，规定培养内容、培养时限、培养原则、考核标准等，为新的人才培养模式的应用提供标准保障。

（三）构建多层级现代学徒制发展管理体系

回顾整个西方学徒制的发展历程，其管理体系的制度化发展早在中世纪行会制度出现时就已登上历史舞台，且随着时代的发展与社会需求的不断改变而进行着不间断的调整与完善。当前我国现代学徒制发展备受重视，相关政策、制度、法规却仍处于缺失待建的状态；政府、学校、企业、市场甚至师生、师徒在现代学徒制发展中的角色地位也是模糊不清。因而，借鉴西方学徒制历史发展中的管理体系具有重要意义。学校作为开展现代学徒制的主要场所，针对其学生、教师、课程、年限、奖惩、考核标准及形式都必须建立严格细致的制度化管理章程，这既是教育标准又是管理标准。企业作为现代学徒制发展的另一个重要场所，针对其师傅、徒弟、实践课程、实习成效、考核标准等也必须有严格的规定，同时为深化校企合作，增强合作信任感，校企最好以契约化的方式最大限度维护双方利益，合作共赢。政府作为重要的宏观参与者，其制定的政策以及各项国家法律条约，都是对现代学徒制的保障，也是对现代学徒制发展的直接制约。因此，提供各项发展经费、法律保障及政策支持是从整体上维护我国现代学徒制发展的重要因素，也为实现多方协作、合作共赢提供了最可靠的支撑。

第三节　我国现代学徒制研究的回顾与展望

"现代学徒制"是我国职业教育发展语境中的重要概念，用现代学徒制模式培养具有匠心精神的人才，是当代职业教育发出的最强音。

一、我国现代学徒制研究的历程回顾

我国现代学徒制研究的历程大致划分为萌芽、发展、深化、繁荣这四个阶段。

（一）萌芽阶段（2002 年之前）

在萌芽阶段，出现了对现代学徒制的零星介绍。研究多集中在教师培训、提升学生就业能力、会议纪要等范畴。如：樊陈琳的《现代学徒制——我国教师培训的重要途径》介绍了现代学徒制在传统学徒制特点的基础之上，所具有的提升教师专业能力的价值；朱敏成的《发展现代学徒模式　提高学生就业能力》提出发展现代学徒模式，提升学生就业能力，亦是发展中等职业教育的有效方法。总体而言，相关研究只是就现代学徒制进行了初步的探索，研究成果较为浅显和零散，对我国现代学徒制实践的影响力也较为孱弱。

（二）发展阶段（2003—2009 年）

在发展阶段，对我国现代学徒制的相关论述和研究数量虽少，却带有显著的"职业结构变化"和"产业结构升级"驱动的"痕迹"。赵志群的《职业教育的工学结合与现代学徒制》、孙晓燕的《试论现代学徒制对我国职业教育的意义》等文章讨论了我国开展现代学徒制的基础，分析了现代学徒制对于优化我国产业结构的作用及助力我国社会发展的意义。也有研究者开始以英国的现代学徒制和澳大利亚的新学徒制作为研究的视窗，如蔡晨辰的《对英国现代学徒制中未完成者的思考》、徐徐的《英国现代学徒制和澳大利亚新学徒制比较》等文章，通过梳理上述两国现代学徒制的产生背景、发展现状、存在问题等，把握世界职业教育改革的趋势，通过总结他们成功的经验与失败的教训，探寻一条适合我国职业教育改革的道路。

（三）深化阶段（2010—2013 年）

在深化阶段，有关现代学徒制的论述和研究数量不断增长。2010 年，《国家中长期教育改革和发展规划纲要（2010—2020 年）》提出的"制定促进校企合作办学的法规，推进校企合作制度化"，为我国现代学徒制的推进营造了有利的政策氛围；2012 年，教育部工作要点明确"开展现代学徒制试点"；2013 年，教育部工作要点再次提出"启动现代学徒制试点"。推动中国制造转型升级、挖掘经济增长潜力，已成为社会发展的强烈需求，而现代学徒制中所富有的价值意蕴与追求培养"技术技能人才"的价值需求不谋而合。该阶段的多数研究以推进现代学徒制助力人才培养为主题，如王振洪、成军的《现代学徒制：高技能人才培养新范式》；研究的视角"着力本土化研究与域外经验借鉴的有机结合"方面，如王雪喜的《英国现代学徒制与我国工学结合的比较研究——基于政策分析的视角》等。

（四）繁荣阶段（2014 年至今）

2014 年 2 月，李克强总理主持召开国务院常务会议，会议确定"开展校企联合招生、联合培养的现代学徒制试点"。2014 年 5 月，国务院印发的《关于加快发展现代职业教育的决定》明确提出现代学徒制试点。至此，建立现代学徒制上升为国家意志，成为国家制度。2015 年 1 月，教育部发布《关于开展现代学徒制试点工作的通知》（教职成司函〔2015〕2 号），正式启动国家级现代学徒制的试点工作。2015 年 8 月，教育部遴选出首批 165 个现代学徒制试点单位，各省市也相继出台有关政策推进试点工作，并形成了开展现代学徒制人才培养的热潮。2017 年 8 月 23 日，教育部确定第二批 203 个现代学徒制试点单位。2018 年 8 月 1 日，教育部确定第三批 194 个现代学徒制试点单位。

2015 年 8 月人社部、财政部共同印发了《关于开展企业新型学徒制试点工作的通知》，制定了《企业新型学徒制试点工作方案》。企业新型学徒制试点工作由人社部和财政部共同组织，已经逐步展开。人社部已经与部分省（自治区、直辖市）人力资源和社会保障部门达成一致意见，拟确定北京市等 12 个省（自治区、直辖市）开展企业新型学徒制试点工作，每个省（自治区、直辖市）选择 3—5 家具备相应条件的大中型企业作为试点单位，每家企业选拔 100 人左右参加学徒制培训。2018 年 11 月 21 日，针对人社部、财政部共同印发的《关于全面推行企业新型学徒制的意见》（以下简称《意见》），人社部、财政部、国务院国资委联合召开电视电话会，部署全面推进企业新型学徒制的相关工作。《意见》明确了目标任务：从 2018 年起到 2020 年底，努力形成政府激励推动、企业加大投入、培训机构积极参与、劳动者踊跃参加的职业技能培训新格局，力争培训 50 万以上企业新型学徒。2021 年起，继续加大培训力度，力争年培训学徒 50 万人左右。

2019 年，国务院印发《国家职业教育改革实施方案》（以下简称《方案》）。《方案》提出：总结现代学徒制和企业新型学徒制经验，坚持工学结合；推动校企全面加强深度合作，打造一批高水平实训基地。为深入贯彻全国教育大会精神，落实《方案》，2019 年 5 月，教育部办公厅发布《关于全面推进现代学徒制工作的通知》，指出：落实立德树人根本任务，深化产教融合、校企合作，健全德技并修、工学结合的育人机制和多方参与的质量评价机制，深入推进教师、教材、教法改革，总结现代学徒制试点成功经验和典型案例，全面推广政府引导、行业参与、社会支持、企业和职业学校双主体育人的中国特色现代学徒制。

现代学徒制成为国家意志之后，研究者们开始关注推动产业转型升级与现代学徒制的本土化及实践转向的问题，相关研究对我国现代学徒制的理论基础、原则、制度设计与路径选择等方面进行了较为全面的探索。如李梦卿等的《现代学徒制的中国本土化探索与实践》、汤霓等的《我国现代学徒制实施的或然症结与路径选择》等。此阶段对现代学徒制的研究呈现出百家争鸣之势，而借鉴国外经验的研究也不在少数，如陈诗慧的《欧洲职业教育现代学徒制的特色、经验与启示》等。

二、我国现代学徒制研究的主要内容

从现代学徒制的相关理论研究入手，推动我国现代学徒制的实践发展。相关研究触及我国现代学徒制的意蕴、必要性、目的和价值、存在问题和实施策略等维度。

（一）关于我国现代学徒制意蕴的研究

1. 现代学徒制的含义研究

关于现代学徒制含义的研究可归结为三类。一是"模式论"。现代学徒制是"以技能培养为核心目标的现代职业教育人才培养模式","模式论"侧重于中观层面的经验总结,是对现代学徒制局部共性特征的凝练和概括。二是"制度论"。现代学徒制将现代学校教育与传统学徒培训相结合,是一种"合作教育制度",它亦是结合我国产业经济提质增效升级对高端技术技能人才大规模需求的现实国情而量身打造的"人才培养与开发制度"。"制度论"强调对现代学徒制中各相关利益主体之间的行为和社会关系的规范与调节。三是"教育形态论"。现代学徒制是企业本位的职业教育形态,它汲取了学校本位的职业教育和企业培训的优点,是一种学校教育与企业培训的结合。"教育形态论"从微观的层面强调与学校主导职业教育的不同,避免出现"订单培养"与"学徒培养"不分、由学校主导现代学徒制的问题等。

此外,还有研究将"工学交替""订单培养"当作是现代学徒制的内涵,或将企业在学校设立培训中心和工作室当作是现代学徒制的内涵等。但对于我国职业教育的发展现状而言,"现代学徒制既是一种学习方式,也是一种技术技能人才培养模式,还是一种技术技能人才培养制度"。

2. 现代学徒制的理论基础研究

一是"市场化"理论。现代学徒制的推进包含两层"市场化"的含义:既有"由国家调控的市场经济体制,并形成统一的市场体系和市场运行机制",也涉及由"市场经济体制取代双轨过渡体制的改革过程",现代学徒制的推进需要结合我国社会主义市场化环境的特征。二是"利益相关者"理论。现代学徒制是政府引导、行业参与、校企双主体育人的模式,是产权组织与契约组织的结合,属于典型的利益相关者组织。现代学徒制试点需要最大限度地满足、平衡各利益相关者的需求。

3. 现代学徒制的特征研究

一是基于教育学学科的视角,现代学徒制从其"形态"和"质态"的变化上所反映的特征有"教育性质从狭隘到广泛""功能目的从重生产性到重教育性""教学组织从非结构化到结构化""利益相关者机制从简单到复杂"。二是基于"市场化"的视角,现代学徒制在"历时性"的"清洗"之下,所呈现出的特征有"技能形成从稳定性到灵活性""师徒结构从封闭性到开放性""行动者从固定性到流动性""师徒体系从物态化到生态化""学徒制度构建从分散化到制度化"。三是基于"应然"的职业教育人才培养的视角,现代学徒制发轫于各类职业教育人才培养模式中的原发性特征有"合作教育"的工学交替、"产学合作"的政府主导、"双元制"的企业本位以及"校企合作、工学结合"。四是基于"教育形态"的视角，现代学徒制的特征有"行业企业主导学徒培养""学徒具有双重身份""培训与教育相互结合""学习系统开放""行业企业主导质量保障"。

4. 现代学徒制的主体与对象研究

有研究认为，在文化传统和企业参与职业教育的现实条件下，"学校因其传统优势、发展之需以及各地职业院校开展的各种形式的现代学徒制试点工作实践经验而表现出优势"，应走学校本位的现代学徒制之路。也有研究指出，在现代学徒制中"企业是比学校更为重要的主体"，企业的参与度在很大程度上决定着现代学徒制的发展趋势。事实上，现代学徒制"横跨产业、教育、人力资源管理等多个领域"（张启富，2015），其参与主体极其复杂，"不仅涉及单个组织内部个体之间的彼此关系，而且还在不同组织间形成一种相互的关联"。

从多元视角出发，对现代学徒制的对象进行甄别，则有面向"职校生、正规经济中的企业学徒、非正规经济中的民间学徒"的现代学徒制。

（二）关于我国现代学徒制的必要性的研究

基于宏观的视野而言，推进现代学徒制，是应对"经济发展新常态对职业教育提出的新挑战"，是顺应"'一带一路'和'中国制造2025'等国家战略的需要"，是回应"职业教育由规模向质量发展的内在要求"，是满足"终身教育体系构建对职业教育提出的新要求"。从微观的角度出发，现代学徒制是"职业教育校企合作发展到一定层次后的一种新形态，也是某些行业人力资源供需矛盾发展到一定程度后的必然选择"。推进现代学徒制"符合职业教育教学规律、提供高质量的劳动者、能有效保障青年就业、体现劳动力市场的真实需求，并为全民终身学习提供机会"。

（三）关于我国推进现代学徒制的目的和价值研究

1. 推进现代学徒制的目的研究

推进现代学徒制"既是为了确保这项改革在方向上的正确性，同时也为描绘我国现代学徒制的目标蓝图奠定基础"。现代学徒制的发展目的随着其实施目标的不同而变化，在突破对现代学徒培养的探索层面之后，聚焦在现代学徒培养相关的政策、组织及规则上，以"建构一种基于我国现代学校教育与传统学徒培训相结合的合作教育制度"。现代学徒制建立和发展的最终目的"还是在于促进人的进步"。

2. 推进现代学徒制的价值研究

现代学徒制"对提高职业教育质量、实现社会公平和促进青年就业具有重要的战略价值"。一是体现在教育维度的价值。现代学徒制是提升技术技能人才培养质量的"新路径"，也是"加快现代职业教育发展的重要举措"。因而，在现代学徒制的推进过程中出现了"首席工人、技术能手带徒工程"等具有个性化色彩的人才培养路径，也出现了为契合专业特征，而对专业课程体系实施全方位改革的现象。二是体现在社会维度的价值。现代学徒制能通过面向非正规经济中的民间学徒，"拓展民间学徒的成才路径"，为农民工的发展提供继续接受教育的机会和帮扶，并通过对农村劳动力在转移过程中"赋值"而提升他们的收入和生活质量，以促进我国社会公平和更快地实现构建学习型社会的目标。

（四）关于现代学徒制在推进过程中存在问题的研究

现代学徒制在推进过程中主要存在以下四大问题。一是企业参与意愿不强烈。一方面，因高职院校定位不准、人才培养乏力、内部治理能力羸弱，无法赢得企业的信任；另一方面，企业所处环境存在"负外部效应"的现象，"搭便车"的行为导致企业收益存在潜在威胁，企业不愿贸然地赋予学徒"准员工"的身份。企业参与意愿不强烈的深层原因是培养产权不明晰。二是学生参与积极性不够高。高职院校的学生对职业教育认识存在偏差，接受企业安排培训的积极性欠佳，这给现代学徒制的推进带来阻力。且由于相关制度规范的缺位，极易使现代学徒制"异化"为少数企业获得廉价劳动力的工具，这必然会遭到家长和学生的极力反对，导致现代学徒制更加难以推行。三是企业师傅参与态度不明确。企业师傅在现代学徒制中的作用体现在"传承企业文化、示范企业素养、传授职业岗位知识和技能经验"，但企业师傅在完全自由的劳动力市场中因"替代忧虑、利益抉择、情感偏向"三个制约因素而担心自己的境遇、顾及自己的地位，不愿将技术全部传授给学徒。四是管理、运行和评价机制不完善。现代学徒制在推进过程中"各种机制的建立还没有可以借鉴的范本"，导致同一行业不同试点项目培养的学徒的技能知识水平参差不齐。

（五）我国现代学徒制实施策略的研究

1. 现代学徒制的实践分类模式研究

有研究指出，现代学徒制最直观的特征表现为师徒关系，"师承模式"应是现代学徒制的唯一模式。还有观点认为，现代学徒制与一个国家的顶层设计息息相关，推进现代学徒制会因国家发展的实际情况而采取各有侧重的做法，应鼓励采取多元的发展模式，如：面向学校或企业生源的，基于校企合作的、"厂中校""校中厂"以及职教集团的。还有研究结合当前开展现代学徒制多元性的特点和我国具体国情，提出"现代学校学徒制""现代企业学徒制""现代民间学徒制"的实践分类模式。

2. 现代学徒制推进的具体路径研究

现代学徒制推进的具体路径研究可归纳为四点。其一，政府要加大制度建设。现代学徒制的制度构建要具备"强烈的制度意识、切实的制度实施、完善的制度评估、广泛的制度知识、系统的制度整合"。政府应通过制定相关税收、企业培训补贴制度，解决企业参与现代学徒制的"后顾之忧"。其二，通过立法"保驾护航"。有研究者提出，从法律的层面明确我国现代学徒制实施过程中各主体的权利和义务，在遵循"主体定位准确、运行机制完善、法律责任严肃"的立法前提下，构建"以行政责任为主、刑事和民事责任为辅"的现代学徒制法律责任体系。其三，发挥职业院校的主观能动性。高职院校可通过完善考评体系、改革人才培养模式、建设校企课程、赋予学徒"双身份"、打造师资队伍等措施，去主动"化解"现代学徒制推行过程中所遇的"羁绊"。高职院校需要借用运行机制的力量，围绕"完善校内协调机制""质量监控与保障体系""建立校内激励制度"等去进行探索。

三、我国现代学徒制研究的反思与展望

（一）"获"中之"惑"：对我国现代学徒制研究的反思

我国现代学徒制经过了较长一段时间的探索和发展，取得了一定的研究成果，但现有相关成果在研究其缘起和历程时，以及提出问题、分析问题、培育路径选择等方面仍存在着亟待改进的地方。

1."广度"或"深度"

理论诉求之困。通过梳理已有文献发现：其一，多数理论研究停滞于表面，虽涉及现代学徒制的层面较广，但在理论凝练上未能拔高，且对现代学徒制内涵界定未能达成共识。理论深度的不足，会致使从"什么是现代学徒制"到"现代学徒制是什么"之间的认识路途"千里迢迢"。其二，"实践的最终含义是超越实践本身"。我国的现代学徒制在实践层面已投入了较多精力，许多试点单位积极开展相关探索，并取得了一定成果。但源于实践的理论总结还是停留在"打哪指哪"的状态，深陷"是什么""为什么""怎么办"的套路。理论研究在深度上的"缺憾"，已然成为制约我国现代学徒制理论发展和实践推进的"桎梏"与"羁绊"。其三，我国现代学徒制研究的相关理论成果并没有适时地转化为切实可行的制度保障、政策纲领及实践策略，现代学徒制的理想目标与实践现状间存在错位。

2."单一"或"多元"

研究视角之匮。其一，现有研究多基于教育学的视角，透过其他学科的角度去探索现代学徒制的研究还显得较为"匮乏"。对相关问题的论证和分析缺少多角度的理论透视，缺少多元化、强有力的理论支撑，容易出现将表象归纳为规律、将个案特性总结为群体共性的问题。例如，研究视角单一，导致部分研究忽视对现代学徒制的制度性、非制度性特征的进一步探讨。其二，研究视角隐匮还导致对于现代学徒制必要性的研究多聚焦在人才培养的范畴，而对人才培养之后的社会意义解读有待加强，即在现代学徒制必要性研究方面存在"一叶障目"的情形。其三，研究视角的狭隘使得部分研究过度地关注国外现代学徒制的发展，并不加甄别地推介国外经验。"现代学徒制扎根于中国特色的认同环境、运行环境、制度环境，难免会有某种程度的实然与应然差异。"研究视角的不开阔将导致我国现代学徒制的研究结论缺乏科学性、普适性与规律性。

3."幕后"或"台前"

研究路径之绌。现代学徒制"在高职教育中有着广阔的应用空间，对提升高职教育办学水平有着重要作用"，也是培养符合现代企业需要的"技能型人才的机制性保障"，推进和发展现代学徒制的社会意义显著。但"现代学徒制是一个极为复杂的系统"，牵涉多个利益主体。同时，现代学徒制也关涉多个领域的行动约束与关系规范。对我国现代学徒制推进过程中所面临的诸多问题的分析、策略的思考，如果没有步入"台前"，去"亲身经历"现场和调查，仅从"幕后"的研究路径出发，或是从纯理论研究入手，或是从感性认知出发，就很难形成具有强大说服力的研究结果。

（二）"观往知来"：对我国现代学徒制研究的展望

1. "扩大"并"强化"

理论价值应契合实践需求。其一，我国现代学徒制的理论研究有必要透过多元视角进行架构，如后续的研究能否从"制度经济学""成本—收益""市场化理论"的视角去破解现代学徒制中的"主体之争""层次之困""实施之乱"等问题。其二，在回应现代学徒制推进过程中所面临的诸多问题时，仅通过完善课程体系、修订人才培养方案、优化组织管理机构和实施"双元"育人的教学管理措施等策略会显得力不从心。"困难与解决策略只有在对现代产业属性的深入研究基础上才可能把握"，现代学徒制的理论研究应该"强化"对其"现代性"的分析，进而对如何发展现代学徒制、其切入点有哪些方面、如何解决现代学徒制在推进过程中面临的问题等做出"给力"的解答。其三，从现有研究可以看出，要深度推进现代学徒制还有较多的"迷惘"需要克服。只有通过强化对现代学徒制本质的探究，才能得到深度推进现代学徒制的策略。在后续研究中，对理论价值和实践需求契合度的重视，应成为我国现代学徒制理论研究与实践协同发展的着力点。

2. "聚焦"及"系统"

研究过程应摒弃松散随意。其一，我国现代学徒制的形成要直面一个本土化的问题，需要经历一个试点、总结、完善、推广以及制度形成的过程。根植于我国现实环境之中的现代学徒制必然会存在一定程度上的应然与实然差异，出现这样或那样的困局。因此，现代学徒制的研究应摒弃随意松散的状态，聚焦于当前我国的制度环境、认同环境、政策运行环境能否为现代学徒制的推进提供适应生长的土壤，如何激发企业制度支持的积极性来推进现代学徒制，现代学徒制是否该以师徒关系的构建为核心内容等问题，并进行系统的研究。其二，在现代学徒制构建的初始阶段，因制度规则的"缺位"而致使其有效性遭受质疑。而当现有研究急切地去界定和设计制度规则时，却对企业内部的"企业社会责任价值观、校企合作信誉和校企合作传统文化等非正式制度"置若罔闻。其三,"实践并不囿于设想"。后续研究应聚焦我国现代学徒制在推进中所面临的主要问题,摒弃松散随意的研究状态,系统地研究在既有制度设计规则的基础之上如何进行非正式制度规则的制度化设计,这或许是我国现代学徒制理论研究的最佳选择。

3."加添"和"推重"

研究路径应转向一线现场。其一,现有研究对于解释如何深度推进我国现代学徒制的实践还有待加强。基于我国现代学徒制发展和研究的庞杂性,后续研究的视野有必要转向一线现场,通过设计观察、深度访谈、叙事探究等方法展开研究,并以此作为相关策略思考的现实基础。其二,源自一线现场的经验"不仅包括人们遭遇些什么和做些什么、追求些什么、爱些什么、相信些什么,而且包括人们是怎样活动和怎样感受反响,他们是怎样操作和遭遇,他们是怎样渴望和享受,以及他们观看、信仰和想象的方式"。对利益相关者为何要参与现代学徒制、如何参与现代学徒制、参与目标和动机是什么等问题的探索更需要通过一线现场的解释与讨论。其三,研究路径转向一线现场,探究我国现代学徒制各利益相关者的态度,并基于这些生动、鲜活的情境性资料进行实证分析,以描绘中国特色现代学徒制制度体系。因此,后续研究有必要通过对各利益相关主体参与过程的现场挖掘,厘清我国现代学徒制推进过程中的影响因素。

第四节　现代学徒制的新发展——认知学徒制

1989年,美国学者柯林斯发表了《认知学徒制:教授阅读、写作和数学的技艺》,认知学徒制正式面世。认知学徒制理论一提出,便得到了学界和教育界的热烈响应。1991年,柯林斯、布朗等人连续发表三篇关于认知学徒制的论文,进一步推广认知学徒制理论。他们认为,认知学徒制是传统学徒制和学校教育的综合,并论述了认知学徒制和传统学徒制的区别以及认知学徒制在阅读、写作和数学中的应用,还指出使专家的思维外显给学习者,从而让他们感知和获取专家的策略性知识,是认知学徒制的典型特征。自1989年认知学徒制被正式提出到现在已有30多年,在此期间国内外学者一直在研究并实践认知学徒制。

一、认知学徒制提出

现代学校教育超越了传统的学徒制教育，从而使更多的儿童享有受教育机会，接受系统的学术教育，为满足工业经济体系的需要而培养了大批人才。然而，随着 20 世纪 70 年代人类走进知识经济时代，工业经济反过来开始对教育施加影响。传统的学校教育的许多特征已跟不上时代要求，表现出许多弊端。20 世纪 80 年代末 90 年代初，认知科学研究揭示了许多与传统学校教育实践格格不入的关于人类学习的新颖结论，引发了许多学者对学校教育的批判。

（一）认知学徒制提出的背景

1. 传统学校教育依然深受早期行为主义理论的影响

早期行为主义理论强调学习是反应的强化，认为知识和技能是可以传递的分离部分，但这种理论已被认为不利于学生知识的构建，然而其影响却在学校教育实践中根深蒂固。

2. 传统学校教育知行分离的现象严重

传统学校教育主要关心的是抽象的、去情景化的正式概念的迁移，"学校所教授的知识和技能是从它们在世界上的应用中抽取出来的"，这导致知识的学习与运用之间，即通常所说的"知什么"和"知怎样"之间是割裂的。

3. 传统学校教育忽视了高级技能的培养

尽管学校在组织和传递大量概念知识和事实知识方面相当成功，但它未能教授在工作场所优异的实作表现所需的思维技能，即通用技能或元认知技能。

4. 传统学校教育的知识难以迁移

机械学习在某些学习中是不可缺少的，但传统学校教育中存在滥用机械学习的现象，把未来有意义的材料当作无意义的信息死记硬背，教师一般也只注重事实和信息的传递，教给学生大量难以迁移的知识。

（二）认知学徒制提出的经过

传统学校教育存在上述诸多弊端，使当时的认知科学家开始致力于开发各种建构主义教学方法，探讨怎样发展更有效的知识建构过程，怎样将知识情景化，以帮助学习者获取更能迁移的知识，培养更高级的认知能力。美国认知心理学家柯林斯和布朗发现，传统学徒制虽有很多局限，但也有很多胜于学校教育的优势。最重要的是，在学校知识和技能都被从它们的真实应用中抽取出来，而在学徒制学习中，技能不仅持续地被熟练的从业者运用，而且是完成任务的一种工具。

另外，尽管传统学徒制不能满足现代工业经济的教育需要，在现代社会中，当某人有资源和强烈的愿望去学习时，他还是会聘请导师通过学徒制方式来教自己，因为学徒制能满足个性化的学习需要，师傅能密切注视学徒的知识和技能掌握情况，随时提供帮助和给予及时指导。在意识到传统学徒制的优势之后，他们相信能开发出复杂的基于计算机的学习环境，提供给学生类似学徒制的经验，提供与学徒制紧密相关的那种密切注意和即时反馈。

由于绝大多数人一听到"学徒制"这个术语，便会想到制鞋或务农等非常传统的行业，同时，由于传统学徒制更注重身体技能和外部技能的教授，而不太适合于高级认知技能的教学，因此尽管它在某些方面比学校教育有优势，但远远不足以克服学校教育中的弊端。所以柯林斯和布朗决定将传统学徒制概念升级，以便能与阅读、写作和数学等现代学科相关联，于是"认知学徒制"理论于 1989 年应运而生。

二、认知学徒制的理论框架

学校教育在传递概念知识方面是成功的，但是学校教育"割裂知识与能力、知识内容与其产生的丰富情境以及知识内容与其价值取向的密切关系的弊病已经清晰呈现"（高文，2000），导致了知识与行动的分离，使得学校教育无法为社会培养能够满足社会需求的合格的人才。教育界的专家学者们开始批判和反思，寻求解决学校教育弊端的途径。柯林斯和布朗认为，认知学徒制的理论框架包括 4 个维度，即内容、方法、顺序和社会性，共 18 个构件，后来柯林斯认为"竞争在很多学校会产生坏的影响"，删掉了"社会性"维度中的"利用竞争"，使认知学徒制的构件则由 18 个变成了 17 个。

（一）认知学徒制的"内容"维度

认知学徒制的"内容"维度包括领域知识、启发式策略、控制策略和学习策略 4 个构件。

（1）领域知识。领域知识就是某门学科的专业知识，包括该学科的具体概念、事实和程序。

（2）启发式策略。启发式策略是指完成任务所需的一般技术和方法，其获取方式是解决问题的实践活动。

（3）控制策略。控制策略是指对于任务执行过程的监控，包括监控、诊断、矫正等组成部分。控制策略可以被理解为通过提供一种简单的决策标准帮助学生评估自己的进步。

（4）学习策略。学习策略指的是如何学习新概念、事实和程序知识，包含整个学习过程的策略。

（二）认知学徒制的"方法"维度

"方法"维度包括示范、辅导、脚手架、表达、反思和探索 6 个构件，这6 个构件可以被认为是认知学徒制的 6 种教学方法。

（1）示范。示范即专家操作一项任务，并将问题解决的技能外显给学生以便他们观察学习。

（2）辅导。学生通过观察专家的示范获得了解决问题的技能，并开始执行任务，教师观察其执行任务的过程并提供帮助。

（3）脚手架。脚手架教学法是认知学徒制的亮点，它指的是教师提供支持来帮助学生表达出他们的知识和想法。支持的形式可以是建议，也可以是帮助。搭建脚手架的目的是帮助学生在完成任务的过程中提供支撑，使学生少犯错误。随着学生能力的增强，专家要及时撤走脚手架，把完成任务的责任交还给学生。

（4）表达。表达即教师鼓励学生表达出他们的知识和想法。

（5）反思。学生将自己解决问题的过程呈现给专家，然后把自己的解决过程与其他同学的解决过程做比较，以修正自己在解决问题中出现的不足之处。

（6）探索。在解决问题的过程中，总会出现一些意想不到的问题。教师建议学生提出自己的问题并解决这些问题。

（三）认知学徒制的"顺序"维度

"顺序"这个维度讲的是解决问题的方法，即从易到难、从简到繁这个过程，它包括增加复杂性、增加多样性以及从全局到局部技能 3 个构件。

（1）增加复杂性。任何学习都是从简单到复杂的过程，专家示范也是从简单的任务做起，逐步增加任务的复杂性；学生学习也是如此，先学习如何完成简单任务，再学习解决复杂任务的方法和途径。

（2）增加多样性。增加多样性即让学生在多种情境中实践其所掌握的技能，以此强调所学技能有广阔的应用范围。

（3）从全局到局部技能。从全局到局部技能指的是专家首先把握大局，为学生勾勒出一个全局概念，然后再根据需要分别或逐步掌握局部技能。

（四）认知学徒制的"社会性"维度

"社会性"是认知学徒制非常突出的特点，它包括情境化学习、实践共同体、内部动机和合作4个构件。

（1）情境化学习。认知学徒制主张学生的学习地点应该是专家的工作场所，而不是孤立的学校教室。也就是说，我们要为学生创造真实的情境（仿真或模拟实训室也可以），专家在情境中给学生示范，学生在情境中不断实践所学技能或完成真实的任务。

（2）实践共同体。实践共同体是专家和学生共同组成的，即在情境化学习中，专家和学生在特定的情境中共同执行一项任务，相互合作，对所涉及的技能进行积极交流，互相促进。

（3）内部动机。内部动机即学习的动力和目的。我们要让学生发自内心认同学习的目标，认同学习对于他个人的重要性，这样从内部动机激发学生主动学习的积极性，让学生主动学习技能和寻求完成任务的方案。

（4）合作。合作是指学生们共同学习、共同努力、共同完成目标任务。合作能够让学生共享他们的知识和技能，彼此相互促进，共同进步。

三、认知学徒制的教学新模式

职业教育承担着"从学校到职场"的重要使命：从国家角度来说，大力发展职业教育可以提高国民素质，为经济发展提供高层次的技能型人才；从个人角度而言，职业教育让学生在学校期间就学到一技之长，并把在学校所学的知识应用到具体的工作岗位当中。然而传统的教学模式却无法完成学校理论教育与工作岗位的无缝对接。认知学徒制将传统学徒制的核心技术与学校教育相结合，培养学生的认知技能，即实践所需的思维、问题求解和处理复杂任务的能力。此教育理论恰好能满足高职院校的职业教学需求，从教学内容到教学方法，认知学徒制都有自己独特的理论和看法。

（一）教学内容

按照认知学徒制理论，学习内容为第一维度。在高职院校，学习内容很大程度上取决于市场需求，我们要和企业紧密结合，共同开发校企合作教材，使得我们的教材不仅有概念、事实，还要有实践检验，也就是我们所说的"理实一体"。教师在教授此类教材时，不仅要注重启发式策略和控制策略，把概念性知识传授给学生，还要引导学生注意学习策略，把所学知识用于解决问题，用实践检验所学知识。

（二）教学方法

认知学徒制从微观上来说就是一种新型的教学模式，它的"方法"维度涵盖了6种教学方式，"顺序"维度里提出由易到难的教学方式。这些教学方式构成了一个完整的教学流程：教师由易到难，由全局到局部，通过示范、辅导、搭建脚手架引导和帮助学生掌握解决问题的技能；学生通过观察、实践、表达、反思和探索学习概念、技能等，逐步构建自己的知识体系。

（1）在认知学徒制教学模式中，教师将执行任务所需的技能全过程分步骤示范并讲解，侧重于将其思维和推理过程外显，以达到让学生更加全面和深层次地挖掘知识并形成自己独立解决问题思维的目标。在学生执行任务过程中，教师观察、引导和监督学生，并对学生阶段性工作给出反馈。当学生需要帮助时，教师要及时搭建脚手架支撑。脚手架指在学生执行任务时提供的支持，如建议或帮助，也可以是物理上的支持，如学习工具等，以帮助学生完成任务。当学生已掌握完成任务的策略和技巧，能够得心应手执行任务了，教师应该淡出学生的任务，将学习主动权交还给学生。以上就是在认知学徒制中教师在"方法"维度的教学流程，包括示范、辅导和脚手架的搭建与拆除。

（2）学生在认知学徒制教学模式中是活跃的存在，他们不需要过多被动地接受教师的理论灌输，只需要观察教师的操作示范，领会解决复杂问题时教师外显的思维过程，在教师的指导帮助下完成任务并掌握解决问题的技能；同时，学生要在教师的鼓励下将完成任务或执行解决问题所用的知识、推理等清晰地表达出来。表达其实是一个吸收和消化所掌握技能的方法，有助于将所获得的知识内化成为自己知识结构的一部分。学生还要在教师的帮助下继续反思，反思是认知学徒制中非常重要的一环，学生将自己解决问题或完成任务的思维过程与教师和同学交流比较，找出自己的不足，努力使自己的思维过程向教师的思维过程贴近。学生除了表达和反思，还要学会独立探索，要在教师的鼓励下独立自主地完成任务或解决问题。学生所学的知识最终要广泛应用于各种工作场合，要求有较强的适应性，所以，学生要举一反三，要独立思考，独立探索，让已经内化的知识和技能完全成为自己知识结构的一部分。

通过分析我们发现，认知学徒制的 6 种教学方式是"以学生为中心"建立起来的，无论是教师的示范、辅导搭建脚手架还是学生的表达、反思、探索，其教育目的都是让学生在实践中掌握相关技能，实现自我成长。

（三）课堂延伸

认知学徒制另一个突出的特色就是强调知识社会化。教师要为学生创建仿真或模拟的学习场所（或工作场所），在真实情境中为学生示范，以便学生观察学习、领悟并掌握知识与技能以及其在现实世界的实用价值，从而避免知识与实际脱节。当然，社会性还体现在合作与实践共同体：学生通过与同学和教师的交流合作，不仅共享且进一步巩固了所学知识与技能，而且培养了目前企业急需的团队精神。

四、对认知学徒制的辨析

传统学徒制为适应现代工业生产，经过改革与改良，发展成了现代学徒制，或新学徒制，或"双元"制。认知学徒制是现代学徒制的新发展，它与传统学徒制、现代学徒制之间相互联系，又有不同之处。

（一）认知学徒制与传统学徒制

认知学徒制和传统学徒制都把有指导的实践作为有效的教学方法。然而，两者之间也有明显不同。

1. 思维可视化不同

在认知学徒制中，因为专家解决问题的思维过程是隐藏的，所以必须有意使隐藏的思维可视化；而在传统学徒制中，执行学习任务的过程往往容易被观察到。因此，认知学徒制中的师生思维必须外显给对方，这是认知学徒制与传统学徒制最重要的区别。

2. 迁移技能的能力不同

在传统学徒制中，学习的技能包含在任务本身，学生不太可能遇到需要技能迁移的情境；而认知学徒制中，向学生呈现要学习的目标技能时，教师会提供各种任务，逐渐改变这些技能被应用的情境，这样学生就能拓展技能，知道这些技能在什么情况下适用，遇到新情境时也能独立迁移这些技能。

3. 工作学习场所不同

传统学徒制的教学是设定在工作场所的，给予学习者的问题和任务不是出于教学的考虑，而是来自工作场所的需要。认知学徒制的课程与抽象任务被置于对学生有意义的情境中，被选择的任务和问题是为了解释特定技巧和方法，教师给予学生实践机会，在各种场景中运用这些方法，并根据学生的掌握情况慢慢增加问题的复杂性。

（二）认知学徒制与现代学徒制

根据对现代学徒制内涵的分析，我们可以看出它与认知学徒制有一定的差异。

1. 存在的形态不同

认知学徒制从宏观上说是新兴的学习科学的理论基础之一，是一种教育理论，从微观上看，它是一种教学模式或学习环境设计原则；而现代学徒制是一种教育体制，是职业教育中的一种培训模式或制度。

2. 基于的理论不同

认知学徒制是在提取了传统学徒制核心技术的基础上，结合 20 世纪 80 年代后期有关人类学习的理论和认知科学的研究成果发展而来的，更强调认知的一面；而现代学徒制是从传统学徒制发展而来的，更强调行动和实践的方面。

3. 主要目标或价值追求不同

认知学徒制追求知识的深度理解和真实意义，强调认知和高阶技能的培养；而现代学徒制强调校企结合培养学徒，追求的是技能技艺的熟练和工作效率。

4. 发生的场景不同

认知学徒制贯穿于学习的各个领域或过程，可以发生在学校教育情境中，也可发生在职业教育的工作场所中；而现代学徒制更多发生于特定的实践共同体或实习场景中。

当然，两者也存在一些相似之处。其一，两者都是基于传统学徒制，并对传统学徒制进行的改造和升级；其二，两者往往统一于问题解决活动中，在现代学徒的职业培训过程中，可以利用认知学徒制的技术或构件去设计学习环境。

（三）认知学徒制与新学徒制

澳大利亚于 1998 年开始实施的新学徒制，是对传统学徒制进行改良以适应社会发展需要的职业培训模式。认知学徒制与新学徒制之间也有明显的不同。

1. 定位不同

认知学徒制是一种教学或学习模式，既可用于学术教育，也可用于职业技术教育，强调高级认知技能的培养和学习者思维品质的发展，而新学徒制是政府推动的一种现代职业培训模式，多运用于职业技术培训学校或相关培训机构。

2. 适用范围不同

认知学徒制是一种更具体的教学方法或学习模式，而新学徒制是一种更宏观的培训制度，是国家教育体制的重要组成部分。当然，在某个具体行业或领域的新学徒制培训中，培训者可以采用认知学徒制方法对受训学徒进行培训。

（四）认知学徒制与双元制

双元制在欧洲国家非常普遍，尤其以德国的双元制最为著名，它以能力为本位，以工作过程为导向，是德国经济发展的"秘密武器"，在促进其就业、经济发展以及社会稳定中发挥了重要作用。但是，它与认知学徒制也有不同之处。

1. 目标不同

认知学徒制强调学习者获取专家的策略性知识，促进学习者高级认知技能的发展，而双元制更强调学徒实践能力的增强。

2. 定位不同

认知学徒制是具体的教学方法或学习模式，适用于学术教育和职业教育，而双元制是一种职业教育制度，强调企业和职业院校在职业教育中共同发挥作用，并以企业为主。

3. 实施方式不同

认知学徒制强调专家和学习者之间的互动，在常规教学中，班级人数不宜过多；在双元制中，理论教学以班级为单位，人数可在 50—70 人，实践实训则一般以 20 人为一组。此外，认知学徒制是一种具体方法，侧重于先设定某问题或任务，然后通过一系列步骤教授问题解决技能，整个过程所用时间可长可短；而双元制是一种宏观教学体制，先在学校学习理论，再到企业实践应用，要求学生学会某一行业的所有基本技能，学习更加全面和系统。

两者也有相似之处。它们都是从传统学徒制发展起来的；都是以能力为本位，特别强调学生的实际动手操作能力；都是以学生为中心，教师是指导者或帮助者。

五、认知学徒制对学校教育的超越

由于认知学徒制是为克服当时学校教育的弊端而提出来的，同时又结合了当时认知科学的最新研究结论，还提取了传统学徒制教育的合理内核，因而它是一种比较理想的教学模式，是对学校教育的超越。首先，它符合建构主义学习观，以学生为中心，学生有机会积极主动地建构知识，在与专家和同伴的交互协商中发展自我；其次，它克服了学校教育中常见的知识脱离情景、知行分离现象，使学习者能在真实情景中学到有用的知识；再次，它重视对学生高级技能的培养，而不是对事实性知识的死记硬背；最后，它重视对学习者元认知技能的培养，并强调深度学习。

第二章 现代学徒制的发展逻辑

人类经历了前工业社会、工业社会和后工业社会三个阶段，不同的社会孕育了不同的职业教育人才培养模式。

在前工业社会，职业教育人才培育以师傅和学徒的经验交流为主，学习和工作融于一体，师傅以手把手的传授模式将技术技能传授给学徒。

工业社会的到来需要大量技能熟练的工人，"师带徒"的手把手相传的模式无法满足工业时代的要求，职业教育的人才培育模式转向了各种抽象和模拟训练。

后工业社会强调"完满职业人"的培养，职业教育从单纯的追求技术熟练到关注个体的生活体验，重视培养从业者广博的视野，注重人的自我实现。可以说，职业教育内生于社会需求，其形态随社会需求变化而变化。

目前，现代学徒制人才培养模式在国际上获得普遍认可，被认为是职业教育的典范。近年来，各个国家都在积极推进现代学徒制人才培养模式的发展，建规立制，加大资金投入。经过多年的努力，该模式无论在理论层面还是实践方面都获得了一定成就。

现代学徒制人才培养模式是"产教融合"理念的现实成果，它吸收了职业教育的优势，兼顾了企业需求、学生诉求和培训目的，能够满足市场经济的发展需求，同时适应于市场经济的快速变革。培养"完满职业人"正是中国特色现代学徒制人才培养模式的逻辑起点。

第一节　现代学徒制的生长点

现代学徒制的兴起是基于对技术技能型人才培养质量的诉求，它是相对于传统学徒制而言的一种具有现代意义的培养学徒（未来的技术技能人才）的制度或模式。因此，现代学徒制仍然是一种培养人的社会活动。尽管这种社会活动较之传统学徒制和单一学校教育制度体现出更多的复杂性，但其"育人"本性是不变的，学生的主体地位是不变的。基于此，现代学徒制以将"学徒"培养为技术技能型人才为目标，"学"依然是现代学徒制的根本，"以学为本"是现代学徒制的生长点。

一、倡导"以生为体，以师为用"的教育理念

现代学徒制体现着"以学为本"教育理念的原始诉求。这个朴素的原始诉求，恰是传统学徒制所坚持，却被班级授课制所束缚的。教育以培养人为天职，人是教育的立足点和归宿点，关心人的解放、人的完善和人的发展是教育的本质。职业教育的发展同样如此。尽管职业教育应以就业为导向，但这并不意味着职业教育就要被市场需求所奴役，一味地被动迎合市场需求。在教学目标的确定上，职业教育仍然需要坚持"培养人"的教育本质，以促进学生的全面发展、满足学生的多样化需求为终极追求。在教学过程的实施中，它将职业院校学生作为"发展中的人"来对待，充分尊重学生的主体地位，基于学生的职业成长规律，着眼于学生的可持续发展。具体而论，它体现为"教"与"学"的关系和"师"与"生"的关系两个方面。

在"教"与"学"的关系上，学生的"学"是根本，"教"服务于"学"，理想状态是实现教学相长。尽管"教"与"学"的关系是一个古老的话题，但是在现代学徒制视域下，它是对传统学徒制合理内核的继承与发展，具有特殊的价值和意义。例如，在教学内容上，现代学徒制将学生"学什么"放在首位，在此基础上再考虑教师"教什么"；在教学方法上，现代学徒制将学生"怎么学"放在首位，在此基础上再考虑教师"怎么教"。

在"师"与"生"的关系上，学生是本体，是学之根本，教师服务于学

生的成长与发展，理想状态是实现师生共进。在师生关系的研究与实践中，曾有过"教师中心说"与"学生中心说"的激烈争论。现代学徒制视域下的师生关系，不是单一的"中心"和"非中心"的概念，而是"本体"和"所用"的概念。在学徒制（无论是传统学徒制还是现代学徒制）背景下，学生具有明确和正式的学徒身份，基于此，师傅（教师）与学徒（学生）之间形成一种显性或隐性的契约关系，师傅（教师）与学徒（学生）因共同的目标——"出师"——而建立起师徒（师生）关系。在这种契约背景下的师徒（师生）关系，必须坚持"以生为体，以师为用"，才能推动契约的达成。当然，并不排斥在这个过程中师生的共同发展。

二、凸显"个体发展，社会进步"的双赢目标

现代学徒制不仅是职业教育作为一种教育类型的发展需求，同时也是提升人才培养质量的时代需求。经济社会的迅猛发展与日新月异的变革，对职业教育在人才培养方面提出了更高的要求。基于现代学徒制所传承的职业教育的"职业属性"，它与社会的衔接更为紧密和直接，能更好地整合学生的个体发展需求与社会发展需求。职业教育不但要为经济社会发展提供足够数量的人才，而且社会对人才质量以及人才培养效率等方面均提出了更高的要求，如何快速、高效地培养高素质人才成为职业教育发展的一个核心问题。现代学徒制是传统学徒制经过班级授课制的洗礼而诞生的，整合了学校与企业两个主体的教育力量，不但传承了传统学徒制的质量优势，更是进一步发挥了班级授课制的效率优势。

传统学徒制作为一种古老的职业教育形式，在工厂手工业时代培养了大量的技能型人才，在传统手工业发展的历史进程中扮演着重要角色。然而，随着工业革命的到来，传统的手工作坊逐渐退出了历史舞台，机器化大生产促使人类的生产方式发生了重大转变，亟须大量的具有熟练劳动技能的工人。传统学徒制显然无法满足这一历史需求，于是在班级授课制的基础上产生了现代学徒制。现代学徒制的产生，不仅仅实现了职业教育理念的转变，更进一步促进了职业教育效率的提升。在人才培养方式方面，现代学徒制实现了学校与企业的全面合作以及产与教的深度融合，可以使个体获得快速成长，并能够在较短的时间内为社会发展培养大量的实用型人才。

现代学徒制是对传统学徒制的否定之否定，是对传统学徒制"以学为本"理念的继承与发展。只有建立在"以学为本"这个生长点基础上的现代学徒制，才是真正意义上的现代学徒制；抛弃了"学习"和"学生"的现代学徒制，是伪现代学徒制。

第二节　现代学徒制的切入点

在"工业4.0"的新形势下，由制造大国向制造强国迈进的进程中，中国职业教育肩负着传承工匠精神、培育大国工匠的重任。工匠精神是现代工业制造的灵魂。2016年，"工匠精神"一词在政府工作报告中首次正式提出。"技进乎艺，艺进乎道"诠释了工匠精神的基本内涵，在高超技艺的基础上融入职业素养、职业道德、职业智慧等，进而达到"技可进乎道，艺可通乎神"的境界。工匠精神的培育依赖于工作现场与真实任务，依赖于师傅的口传心授。职业教育，其本质和特征是"跨界的教育"，既是"工"也是"学"，是"职业性"与"教育性"相结合的产物。现代学徒制将这种"工"与"学"结合得更为紧密，为工匠精神的培养创设了"形""神"兼备的条件。以工匠精神为现代学徒制的切入点，为现代学徒制确立了有别于传统职业教育人才培养模式的目标与路径，有利于充分发挥传统学徒制人才培养模式的质量优势，传承工匠精神，为培养大国工匠奠定基础。因此，工匠精神是现代学徒制的切入点。

一、以现代学徒制的"职业性"创设工匠培养之"形"

无论是精益求精、持之以恒、爱岗敬业、守正创新，还是无私奉献、开拓进取、持续专注、追求极致，如此的工匠精神均需要具有职业属性的人才培养模式来支撑。现代学徒制作为职业教育人才培养的模式之一，具有天然的职业属性。所谓现代学徒制的职业性，主要指的是现代学徒制与人的职业生活和职业发展密切相关，是促使个体职业化的教育实践活动。突出现代学徒的职业性，是因为"职业生活是人生中的主要行为，人若没有职业，其他各种行为都必受影响，所以教育以职业生活为目标之一，是极有道理的"①。因此，职业性应当是现代学徒制的根本属性，离开职业性，现代学徒制则失去了其存在的前提。

现代学徒制的职业性体现在育人活动的始终。职业教育的重要特性在于需要创设相应的情境要素，实现"做"中"学"，这也是职业教育有别于普通教育的重要特性。同时，体现职业性的情境要素，不仅是指实训设备等硬件，更重要的是构建情境要素的软件和相应机制。例如，如何通过校企合作，建立实训条件的长效发展机制；如何通过教学管理，优化实训资源的配置；如何通过教学设计，实现理论与实践的一体化教学；等等。这就需要建立一种新的职业教育制度，以适应职业教育职业属性的特殊需求。现代学徒制紧贴职业教育人才培养的特殊需求，通过校企的深度合作，一是建立学徒与企业间的契约关系，二是构建基于学习任务（由典型工作任务经过教学化处理转化而来）的理论实践一体化教学环境，并能促进学生自主学习的学习资源建设，三是注重师生情感在技艺传承以及职业道德养成过程中的重要作用。在这个过程中，基于现代学徒制的"共生"型校企合作关系中，企业作为育人的主体之一，在设施设备投入、培养方案制定、课程资源建设、师资力量投入以及行业规范和企业文化融入等诸方面表现得更为积极主动。如此，学徒在真实的工作现场，通过真实的工作任务，通过师傅的言传身教，既达到了学校对毕业生的要求，又达到了企业的入职标准，更具备可持续发展所需的工匠精神。因此，将工匠精神置于现代学徒制体系中培育，既发挥了现代学徒制"职业"属性的天然优势，又为提升人才培养质量找准了切入点。

二、以现代学徒制的"教育性"创设工匠培养之"神"

尽管"技艺授受"是职业教育的本质，但是职业教育不仅限于"技艺授受"。现代学徒制作为培养技术技能型人才的一种路径或模式，归根结底是一种培养人的活动，不能因其"职业"属性而忽视其"教育"属性。在 17 世纪末，伴随工业化大生产而产生的仅负责一个最具体工作的工人（如电影《摩登时代》所描述），已不能适应时代发展对技术技能型人才的需求。教育性在

① 何清儒：《职业教育与人的教育》，载《教育与职业》。

新时代技术技能型人才培养过程中显得尤为重要。现代学徒制的教育性主要体现为对职业教育人才培养目标从"成器"到"成人"的升华。这就需要将现代学徒制下的技术技能人才培养与简单的职业技能培训相区别。

培养个体熟练的劳动技能是现代学徒制的目标之一，然而更为重要的是促使个体的职业化，进而实现个体的全面发展。教育要适合学生的身心发展规律，这是教育的基本原则之一。然而，随着职业教育的规模极大扩张，在职业教育的教学一线，学生学习的个体要素常常没有得到应有的关注，特别是学生的非智力因素如情感、兴趣等被忽视，导致职业院校学生的内在学习动力难以被激发，学习方式单一，学习效率低下，将职业教育简化为职业培训，致使"教育性"不足。教育性的着眼点不仅关注当下，更关注学生作为教育主体的可持续发展。现代学徒制既关注学生当下的就业和上岗问题，更关注学生的技术思维方式的培养、学习迁移能力的培养以及职业道德的养成等可持续发展问题。遵循学生的职业成长规律，注重通过文化（师徒文化、企业文化等）的隐性功能发挥非智力因素在学生职业成长中的影响力。基于此，现代学徒制秉承传统学徒制技术技能型人才培养的质量优势，以工匠精神作为其"教育性"的重要表征，创设工匠培养之"神"，推动其可持续发展能力的提升。

第三节　现代学徒制的落脚点

"师承"模式是传统学徒制的精髓，也是传统学徒制人才培养"质量优势"的关键所在。现代学徒制是对传统学徒制的扬弃，而"师承"模式则是"扬"之核心。通过"师承"模式，现代学徒制"以学为本"的理念和工匠精神的内涵得以实现。

现代学徒制最直观的特征表现为"师徒关系"。师徒关系被定义为一个年龄更大的、经验更丰富的、知识更渊博的员工（师傅）与一个经验欠缺的员工（学徒）之间进行的一种人际交换关系。尽管现代学徒制不能简单理解为"师傅带徒弟"，但它是有别于学校教育制度的显性特征，也是关乎人才培养质量的重要一环。因此，"师带徒双导师制"成为现代学徒制的落脚点。只有建立了真正双导师的师承模式，才能称其为现代学徒制；否则，现代学徒制与传统职业教育的"工学结合""校企合作""订单培养"等无异。

一、"师承"模式是现代学徒制的表征

"师承"模式是指通过师徒之间默契配合，口传心授，将师傅的经验原汁原味地继承下来，并加以弘扬的一种教育方式。在传统学徒制中，手工工场的出现，使学徒制在手工业中广为盛行，学徒在固定师傅的指导下，经过一定时间的学习，可晋升为工匠；在学习期间，学徒可以参加师傅的生产经营活动，并获得一定数额的工资。18世纪末、19世纪初，随着行会的衰落和生产力的提高，传统学徒制不再适应新的生产方式的需求，因而走向了崩溃，"师承"模式也随之消逝，目前仅在中医药、美术等少数领域存在。

传统学徒制的师徒关系比较单一，以正式"授受"异辈指导关系为主。对于教育主体之一的教师而言，在传统学徒制中，似乎不存在"队伍"这一说。因为在传统学徒制模式下，师傅通常是个体，就算是行会等对于师傅而言，也都是松散型的，同一行业的师傅之间有交流，但是在教学（带徒弟）方面通常是相对独立的。在学校教育制度下，教师成为一种职业，并且以学校为单位进行划分，对于同一专业的学生而言，有一个相对庞大和固定的教师队伍对自己进行全方位的教育。但是，教师之间因课程内容的相对独立，他们在教学中也相对独立。例如，在职业院校中，同一专业的学生的学习内容被划分为不同类型的课程，如公共课、基础课、专业课等，不同的课程由不同的教师来完成教学任务，教师与教师之间在教学管理上是一个团体，但在教学活动中是相对独立的，各自完成各自的教学任务，不涉及其他课程。在现代学徒制下，"师承"模式的实现路径是多元化的，可以是一对一，也可以是一对多、多对多，更多地体现为在教学活动中教师的团队意识和团队力量。基于现代学徒制整合人才培养质量优势与效率优势的特性，其"师承"模式通常是由一个相对固定和稳定的教学团队（项目负责人、学校教师、企业技师、项目辅导员等）来负责一个相对固定的项目班级，在这个项目班级中，既可以采取小组合作的形式，也可以采用一对一或者一对多的方式，组织形式较为灵活，但是这个教学团队和项目班级是固定的，师徒（师生）之间有着充分的接触与了解，教学团队成员之间分工明确、协调合作，这都有

助于生生关系、师生关系以及师师关系的培养，有助于充分发挥情感（心理因素）在技能培养过程中的积极作用。

二、"师承"模式是工匠精神的载体

工匠精神的传承，依靠言传身教的自然传承，无法以文字记录，以程序指引，它体现了旧时代师徒制度与家族传承的历史价值。现代学徒制正是以工匠精神的培育为切入点，突显现代学徒制培育工匠精神的优势。而此优势的体现，则是以其"师承"模式为载体的。

在"师承"模式下，师徒关系不仅仅是一种私人关系，也是一种社会关系。它通常被视为仅次于直接亲属关系的最重要的社会关系，并且往往会维持一辈子。传统师徒制在早期都是父子相传，然后过渡到师傅收养子做徒弟，最后才扩展到一般的师徒关系。这种关系难免保留着父子般的亲密感情，即所谓"一日为师，终身为父"，"师傅是徒弟的衣食父母"，学徒对师傅的尊崇往往是心甘情愿的，师徒关系非常亲密，徒弟视师如父、师傅视徒如子，这种情感效应对知识技能的授受和学徒人格的培养发挥着积极的作用，也是培育工匠精神的重要载体。工匠精神也只有通过"师承"模式，通过师徒之间长期的亲密相处才能达到耳濡目染、潜移默化的培育效应。

三、"师承"模式是人才培养质量的保障

提升技术技能型人才培养质量是现代学徒制的初衷，而质量的提升进而依赖于"师承"模式的建立。这是现代学徒制对传统学徒制质量优势的传承。

"师承"模式较之学校教育制度（班级授课制）在人才培养方面的优势主要体现在以下几个方面。一是教学规模适度，师徒互动充分。有研究发现，师徒之间的互动，通过认知或情感因素会对动作技能的形成产生重要影响。因此，现代学徒制"师承"模式的构建，首要解决的问题是缩小教学规模，以确保师徒之间的充分互动。基于校企双方"共生"型关系，现代学徒制可以充分利用学校与企业的资源，使教学规模控制在 10 人左右，既满足了经济社会发展对人才数量的需求，又确保了人才培养的质量。二是教学方法适宜，个性共性兼顾。在传统学徒制中，师傅没有经过专业的教育理论学习，也不受外界干扰和限制，通常从自身的技艺操作入手，形成自己独有的一套教学

方法，易于因材施教；学徒通常没有经过系统的理论学习，就直接开始接触师傅交给的操作性任务。之后，为适应工业化大生产对技术技能型人才的大量需求，学校开始承担人才培养任务。基于此，从理论到实践的教学方法在职业教育中广泛应用，学校在短时间内培养出大量的技术技能型人才，满足当时的社会需求。现代学徒制下的"师承"模式，既要兼顾师傅与学徒的个性，便于因材施教，又要考虑社会对人才"质"与"量"的需求。理论与实践一体化的教学方法适应了"师承"模式的需要，并在实践中得到广泛的认可和运用。三是教学评价科学，出师标准严格。"出师"是对人才培养质量把控的关键环节。在传统学徒制中，教学是师傅与学徒个体的事情，因而教学评价主要依靠师傅个体的经验来判断学徒是否能"出师"，具有较大的主观性；在学校教育制度的班级授课制模式下，由于人才培养数量大幅提升，对学生的培养不再是由一位"师傅"一教到底，而是将学生的培养内容划分为不同的课程，由不同的老师分别授课。因此，此时的教学评价不可能由一位教师来做统一的评价，而是通过教师们对各自教授的课程的分别评价来整体体现学生的水平。基于校企共商培养方案、共定课程体系、共培师资队伍、共建学习环境、共组订单班级、共施教学过程、共评学生质量、共担教学成本、共享发展成果的现代学徒制发展机制，"师承"模式下的教学评价（出师），将由学校与企业两个主体共同来承担，既赋予"师傅"一定的评价权，又符合相应的课程评价标准。

第四节　现代学徒制的延伸点

　　"1＋X"证书制度是继现代学徒制之后，国家在职业院校大力推行的又一制度。"1＋X"证书制度与现代学徒制有异曲同工之处，都旨在推进人才培养模式改革，提高人才培养质量。同时，"1＋X"证书制度又是现代学徒制很好的延伸点，能够弥补当前现代学徒制实践中的不足。探索"1＋X"证书制度背景下的高职院校现代学徒制，既符合当前现代学徒制的现实需求，又顺应现代学徒制的未来发展趋势。

一、"1＋X"证书制度下现代学徒制的新诉求

将"1＋X"证书制度与现代学徒制有机融合是完善现代学徒制、促进人才培养模式改革的一种全新尝试，也必然产生新的诉求。

（一）发挥培训评价组织的最大效能

培训评价组织是"1＋X"证书制度的重要主体，主要承担职业技能等级证书和标准开发、教材和学习资源开发、组织培训考核评价等职责，具有行业组织、教育机构、第三方评价组织三重属性，能够弥补现代学徒制校企力量有限、行业标准缺失的不足，在现代学徒制人才培养过程中必将发挥重要作用。因此，如何发挥培训评价组织的最大效能，使其与学校和企业联合开展现代学徒制人才培养，将是"1＋X"证书制度背景下现代学徒制改革首要考虑的问题。

（二）处理好学历证书与职业技能等级证书之间的关系

"1＋X"证书制度中的"1"是指学历证书，"X"是指若干职业技能等级证书。职业技能等级证书区别于国家职业资格证书和行业企业开发的社会化证书，是一种新型证书，分为初级、中级和高级，以社会需求、企业岗位（群）需求和职业技能等级标准为依据，用于对学习者的职业技能进行综合评价。"1"与"X"之间是基础与拓展且互为补充的关系。"1"与"X"之间结合得好，将有利于提升现代学徒的技术技能水平，满足企业用人需求，提高行业认可度。然而，"1"与"X"之间并不是简单的、机械的相加，如何处理好学历证书与职业技能等级证书之间的关系，将职业技能等级标准有机融入专业教学标准，将证书内容有机融入人才培养方案，将是"1＋X"证书制度背景下现代学徒制改革应重点考虑的问题。

（三）有效提升教师的能力水平以满足更高要求

"1＋X"证书制度背景下的现代学徒制改革离不开教师这一重要力量，应鼓励教师在开展现代学徒制教学的同时，参与职业技能等级证书的开发与培训工作。这就要求参与现代学徒制的教师要树立传统学校教学与培训并重的观念，在教学中融入培训，在培训中提升教学，要具备教学与培训双重能力，尤其要具备高含金量的职业技能等级证书的培训资质与能力。同时，职业技能等级证书在某种程度上代表了行业水准，对教师的专业技能水平以及

理实一体化教学能力也提出了更高要求。如何有效提升教师的能力水平，满足现代学徒制对教师提出的更高要求，将是"1＋X"证书制度背景下现代学徒制改革的关键所在。

（四）满足学生个性化成长和可持续发展的需要

"1＋X"证书制度旨在通过育训结合、书证融通的方式培养"一专多能"的复合型、高质量技术技能人才，培养目标从适应单个企业层面上升到覆盖行业层面，打破了当前现代学徒制点对点人才培养模式的局限，更加关注学生的可持续发展。同时，"1＋X"证书制度允许学生结合个人职业生涯规划，自主选取职业技能等级证书的种类和个数，为学生提供更多自主选择的权利和机会，满足学生的个性化成长需要。可见，"1＋X"证书制度更加关注学生的成长。如何满足学生的个性化成长和可持续发展需要，将是"1＋X"证书制度背景下现代学徒制改革的核心内容。

二、"1＋X"证书制度下现代学徒制的路径

（一）引入培训评价组织，构建"三元"育人长效机制

在"1＋X"证书制度背景下，高职院校应创新现代学徒制协同育人路径，引入培训评价组织，构建"学校＋企业＋培训评价组织"的"三元"育人长效运行机制。一是建立高效运行的工作机制。学校、企业、培训评价组织三方共同组建现代学徒制领导小组，统筹安排人、财、物，研究解决责任分工、招生招工、成本分担、管理制度、风险防控等重大层面问题；成立现代学徒制专项工作机构，学校安排专人与企业和培训评价组织对接；建立现代学徒制三方信息互通例会制度和工作会议协调机制，定期或不定期召开专题会议，跟进现代学徒制人才培养情况，及时解决问题和推进工作。二是明确各方职责。学校主要负责专业基础知识和基本技能的教学、考核与评价；企业主要负责岗位技能的培训、考核与评价；培训评价组织主要负责职业技能等级证书和标准的开发，对学徒进行职业技能等级证书的培训、考核与认证，对学校教师进行职业技能等级证书培训师资质的培训、考核与认证。三是建立成本分担机制。三方应合理分担现代学徒制人才培养成本，其中，学校主要承担课程开发、教学资源建设、企业兼职教师聘任、下厂教师差旅与津贴补助等费用；企业主要承担企业师傅的带徒津贴、学徒在厂期间的食宿、

工作服、保险、工资、培训师绩效奖励等费用；培训评价组织主要承担职业技能等级标准开发、培训资源开发、考核颁证等费用。

（二）课证融通，构建分段分类分级的模块化课程体系

要处理好学历证书与职业技能等级证书之间的关系，离不开课程这一重要载体。"1＋X"证书制度背景下的现代学徒制改革需要创新课程建设思路，有机融入职业技能等级证书内容，构建模块化课程体系。一要组建课程开发团队。学校、企业与培训评价组织共同组建现代学徒制课程开发团队。学校与企业应结合行业发展趋势和企业用人需求，共同确定学徒培养岗位（群）和人才培养目标，基于岗位（群）职业能力分析及学情分析开发专业教学标准；选定专业相关性强、行业企业认可度高的若干个职业技能等级证书，从而确定培训评价组织。二要构建课程体系。将职业技能等级标准与专业教学标准相融合、职业技能等级证书与课程开发相融合，构建分段分类分级的模块化课程体系（详见图2-1）。"分段"即将人才培养过程依据学生岗位成长规律分为第1学年（公共基础课程＋专业基础理论课程＋企业认知）、第2学年（专业基本技能课程＋企业见习）和第3学年（岗位核心技能课程＋证书课程＋企业顶岗）三个阶段，三个阶段对能力的培养是层层递进关系；"分类"即依据不同培养方向，开发证书课程1、证书课程2、证书课程N等不同类别的证书课程，作为专业选修课，由学生在校企双导师的指导下自由选定其中一门或多门课程；"分级"即将培养规格按照职业技能等级层次分为初、中、高三级，学校、企业和社会评价组织联合起来，针对每个培养方向开发分级的、模块化、阶梯式课程，学生可以根据自身专业特长、能力基础和兴趣爱好，自由灵活选择不同类别、不同层次的证书课程。三要建立课程体系动态调整机制。课程体系应随着产业技术和职业技能等级标准的不断升级以及现代学徒制合作企业的调整，同步进行更新优化。同时，学校应组织校企双导师教学团队协助培训评价组织开展职业技能等级证书和标准的开发建设工作，结合现代学徒制人才培养实际提出的证书开发需求，提高证书的先进性和适应性，推动课证融合共生。

（三）系统谋划，打造高水平双导师团队

由校内教师和企业师傅组成的双导师团队是现代学徒制教师队伍的中坚力量，学校、企业和培训评价组织应按照"1＋X"证书制度对现代学徒制教

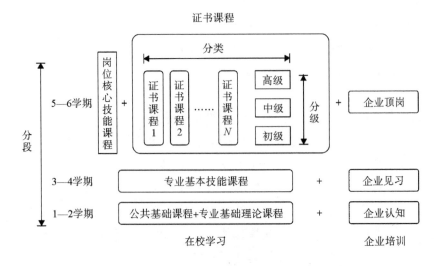

图2-1 分段分类分级的模块化课程体系

师提出的新要求，从准入资格、培养、考核、激励等方面提升双导师的综合能力。一是严格准入资格。校企联合制定双导师遴选与管理办法，从校内专业课教师中选拔能"上得了讲台、下得了车间"、具备"双师"素质的教师作为校内导师，承担理实一体化教学、学生职业生涯规划指导等任务；选拔具有丰富的岗位实践经验、娴熟的专业技能、较强的沟通技巧与指导能力的技术骨干作为企业导师，指导学徒进行岗位技能学习、毕业设计等。二是校企协同培养。学校应充分利用企业资源，通过教师企业挂职锻炼与顶岗实践、项目教学化开发、应用技术开发、技术服务等途径，提升校内导师的岗位技能和技术服务能力。此外，在加强校内导师专业实践能力的基础上，高职院校还需组织教师参加与含金量高的"X"证书相关的技术技能培训，引导和鼓励教师获取相关专业证书培训师资质，提升教师的教学与培训"双能"水平。针对企业导师普遍缺乏教学能力的现状，学校应对其进行教育教学能力轮训。此外，高职院校应通过组建现代学徒制专业教学团队、校企双导师结对，鼓励校内教师与企业人员共同开展横向课题研究及联合技术攻关，完善双向交流机制，推进双导师相互学习、共同进步。三是完善考核激励机制。对于校内导师，学校可实行"双师"素质教师分级认定与管理制度，给教师发放"双师"津贴，使"双师"认定成为教师专业成长的第二职称；将岗位技能和技术服务水平，以及具备高含金量的"X"证书培训师资质作为"双师"认定的重要指标；对"双师"教师实行年度考核、能上能下的动态管理。学校要鼓励优秀教师参与现代学徒制人才培养工作，在绩效考核、职称评定、评先评优等方面向现代学徒制教师倾斜。对于企业导师，企业应将企业师傅带徒的教学指导量作为企业工作量，并纳入其年终业绩考核，设立带徒津贴，评选企业优秀导师，在员工提拔与晋级等方面适当向企业导师倾斜。

（四）以学生为中心，以学分制改革为突破口开展教学制度改革

完善学分制的教学管理制度有助于学生的个性化成长和可持续发展。现代学徒制的"工学交替"和"1＋X"证书制度的"课证融通"均对学分制提出了更高要求。"1＋X"证书制度背景下现代学徒制教学制度改革应以学分制改革为突破口，构建基于学分银行的学分认定、学分积累、学分互认体系。一是学分制改革要满足学生自主选择证书课程和其他选修课程的需求。二是制订激励措施，允许学生将创新创业、参与企业技术发明、科技攻关等与课程成绩互换、学分互认。三是探索将职业技能等级证书科学换算成学分的新模式。对于获得职业技能等级证书的学生，依据证书的类型与等级，可免修相应的证书课程，并将其转换为学历认证中的对应学分，记录到学分银行中；对于完成证书课程学习并通过考核的学生，在考取相应职业技能等级证书时可免试部分内容，或直接获取职业技能等级证书。四是建立企业课程学分与学校课程学分互换机制，允许企业课程学分与校内课程学分按一定比例进行置换。

第三章 现代学徒制评析及其
对我国教育的启示

　　师傅带徒弟的技术传承方式一直是我国技术工人培养的主要制度，在新中国建设中也发挥了重要作用。到 20 世纪 90 年代，技工学校开始大规模培养后备技术工人。经过长期实践，技能人才队伍建设工作取得长足发展，但也存在一些问题，在培养数量和质量上，还不能满足企业的个性化需要。如何改革创新育人机制，赋予传统学徒制以生机和活力，是摆在我们面前急需解决的问题。

第一节 现代学徒制发展现状及实施策略

　　学徒制在我国有着悠久的历史，它对经济社会以及个人的发展都有着十分重要的意义，一直以来在我国职业教育发展历史中都占有重要地位。

一、我国学徒制的优势

　　我国传统学徒制无论在师徒关系、总体模式上，还是在实施主体、制度保障、考核标准等方面，都有一定的优势和基础。它主要是师傅在工作现场或课堂将自身所掌握的技能潜移默化地传递给学徒，使其形成自己的经验或隐性知识，进而更好地服务于社会。

　　（一）实施主体：企业（师傅）主导，全程参与

　　手工作坊式的生产时期，存在大量由铺东（店主）、客师和学徒构成的会馆和行会，其中铺东（店主）有优越的地位和权力，担任学徒的师傅，对其

进行技术技艺的指导。到了近代，随着工业企业的出现，学徒制既是技术传承的方式，也是企业用工管理制度之一，职业学校为企业培养大批劳动者的条件还不具备，主要是以企业为主通过工徒训练的方式让工人掌握技术。早期第一所职业学校福建船政学堂，作为培养制造、驾驶和指挥人才的基地，分设前后学堂，在船上训练及教授技艺，但制度化的职业教育并没有成为工业化进程中劳动力技术教育的主要形式，仍然是以企业为主体，学徒（学生）所学内容与本企业的生产实际充分结合。此外，企业既要培养中级技术工人，还要负责在职工人的技术提升与相关培训工作，并且针对企业需求适时适当地开展岗位、转岗、再就业等多种培训。企业全程参与学徒课程标准制定、学习方式方法和教材的选取等，学徒所学内容以企业需要为前提。工厂可调剂部分产品或零件用于生产实习，为培养和提高学生的实际操作技能创造了充足的条件，同时也为学校创造了经济效益。学生实习完全可以在本厂解决，毕业生在达到毕业条件之后能迅速适应新的工作环境，并且顺利完成相关任务。

（二）学徒场所：厂校一体，学做结合

第一次鸦片战争后，帝国主义纷纷在我国建立工厂，雇佣大量廉价劳动力。与此同时，我国民族工商业的发展急需大量工人与技术人才，这为我国职业教育的飞速发展奠定了一定基础。当时在"振兴实业"的号召下，全国开始兴办工艺局，学徒的学习任务与工作任务在学校与工厂之间完成，厂校一体的学习场所培了大量符合社会发展需求的技术人才。其中福建工艺局就是充分将理论与实践结合在一起的典型，学徒每天上午在学堂学习数字，下午则学习制作皮器、漆器各工艺，厂校一体的教育形式得以很好的应用。新中国成立初期，为了满足国民经济恢复对技术工人的需要，生产现场的学徒制成为技工培训的主要途径。1958年，国务院颁布《关于国营、公私合营、合作社营、个体经营的企业和事业单位的学徒学习期限和生活补贴的暂行规定》，确立了我国新的学徒制度，形成了新型的师徒关系。随后半工半读教育在我国开始出现，对现代学徒制的发展起到了推进作用。1958年，毛泽东在《工作方法（草案）》中提到："只要有可能，所有的中等技术学校和技工学校，可以通过试办工厂、农场的方式进行生产，学生可以边学习边工作。"他在第一届人大第五次会议上还提出："关于半工半读教育制度，要有步骤地有计划地进行。"随后，刘少奇在《我国应有两种教育制度、两种劳动制度》的讲话中，更加明确地规定了两种教育制度分别是全日制和半工半读。之后，中共中央、国务院又提出"教育要与生产劳动相结合"的方针。在一系列相关政策的引导下，我国培养了大量又红又专、精通本行工作且合乎国家要求的技术工人。

（三）师徒关系：人身依附，相处融洽

传统学徒制即师傅手把手通过传帮带的形式，使学徒工掌握某方面的技术或技能。在古代又将学徒制称作"艺徒制""工徒教育"，是一种较为普遍、典型的教育形式。在原始社会时期，受生产力水平的限制，父母只是通过示范动作和口头传授的形式对子女传授原始工作技艺、动物驯养经验等一系列生活技能，有关古籍也对这种传授方式进行了详细的记载。例如，《孟子·滕文公上》有"后稷教民稼穑，树艺五谷，五谷熟而民人育"，《吴越春秋》有"尧聘弃……拜弃为农师，封之台，号为后稷"，《路史》（后纪卷五）有"嫘祖始教民育蚕，治丝茧以供衣服"。在奴隶社会时期，出现阶级分化的局面。随着农耕技术的不断提高，原有的血亲关系范围内的技术传承已经无法适应社会发展的需求，再加之农业、手工业得到进一步发展，各地都设有相关手工作坊和机构。这些机构和作坊以技能为中心，通过师傅带徒弟的方式进行技艺传承，培育了大批能工巧匠。这里的学徒一般是师傅的亲生儿子或养子，师徒关系较为融洽。随着社会生产力的进步和社会关系的扩大，企业对劳动力的需求不断增大，以谋生为目的的师徒关系已经无法满足社会发展的需求，师徒关系逐步转向劳动用工，师傅对学徒的技能传授扩展到钟表、典当等新兴商业领域。此时在行会的严格管理下，师徒二者的关系、行为等依然受宗法伦理的约束，师徒相处融洽。随后新式企业的出现，为学徒的发展创造了良好的学习机会与条件，此时的师徒关系涉及师傅、学徒与企业三方面，企业选派熟练的技术工人作为学徒的师傅，师傅不仅对学徒进行技艺指导，还对其职业生涯发展提出相关意见。

（四）制度保障：订立契约，明确企业用工制度

南京国民政府于1929年颁布的《工厂法》明确指出，企业工厂有为学徒提供相应的补习教育的责任与义务，同时还要为学徒提供相应的住宅福利。"癸卯学制"明确把"教育"列入学制中，在对学徒的教育过程中重视学堂与

企业二者之间的合作。1932 年颁布的《劳工教育实施办法大纲》也明确指出，当企业人数达到一定规模时，必须设立劳工学校或劳工班，对没有按要求设立的企业进行相应的惩罚。学徒契约的订立，标志着学徒正式跟师傅学习技艺，而学徒契约的订立需要介绍人或保证人担保，师傅与介绍人大多是相识或同行，方便师傅从介绍人那里了解学徒的性格、品行、家世及资质。同时，当学徒发生过失时，需要保证人担负责任；如果学徒中途退出，也需要由保证人赔偿师傅的损失。

（五）考核标准：规定严格，谨严有序

《新唐书·百官志》对学徒的学习年限、工序有详细记载，是一份相对较为完备的符合职业教育发展规律的教学大纲。当时，管理官营手工业的机构为了培育大量的技术工人，从全国各地挑选具备最高水平的传技师傅，给予被选中的师傅一定的物质奖励，在皇权命令与金钱的诱导下，师傅们不得不拿出祖传的绝技，对学徒进行技艺指导，因此各行业的最高技术得以大范围推广与继承。"法式"学徒培训法在宋朝得到了一定程度的发展，此时对学徒培养有了更加明确、严格的要求，要求所招收的学徒必须得到"行老"和"行首"的认可。伴随着资本主义萌芽的发展，行会组织的出现，产生了行会学徒制，行会严格要求没有学徒经历的人是没有资格经营工商业的，对学徒的职业生涯所经之路都有着严格规定。谨严的学徒标准主要体现在：招收学徒之前的习俗考察，学徒招入后的礼仪培养，学徒出师之前的考验。学徒想进入商号学习，必须要一位有名望、有信誉的人对其进行保举。师傅对其介绍人和家庭进行多方面的了解与考察，在认可介绍人和对学徒的家庭背景无异议后，才开始对学徒进行考察，考察内容包括学徒的年龄、身高、五官、智力、文化程度等。以上所有考察基本满意后，学徒才能入号，入号后师傅对其进行专业技能、商业技能、生活礼仪、职业道德等多方面的训练与培养。学徒在出班时也有着相当严格的考核标准，要求其专业技能、职业素养、职业道德等多项考核都通过，才能上升到高一级层次，进而才能结束学徒生涯。

二、现代学徒制发展中的困难和问题

（一）企业用人制度导致企业主体地位缺失

在民国时期，以法律的形式强调了企业参与学徒培养的重要性，突出体现了企业的主体地位。这一时期培养了大批高质量高技能人才，对当时的经济社会发展起到了促进作用。而当今社会，企业在参与的过程中任务偏少，主体性和主动性缺失。学生的招聘、选拔和培养由学校负责，学校在招生后大力宣传动员学生与相关企业签订培养协议。企业只是在人才培养的终端与学校签订实习协议，在没有全程参与职业院校人才培养的情况下，也可以通过人才就业市场这一平台找到适合自己企业发展的优秀员工。这不仅避免了企业所培养的人才不能为自身服务这一风险，还减少了对企业资源的浪费。也正是这种被动的用人制度和观念导致企业在参与校企合作的过程中缺乏积极性，企业人才培养的主体地位缺失。据统计，2015 年和 2016 年我国中职毕业生分别为 515.47 万人和 474.71 万人，其中 2015 年中职毕业生由学校推荐就业的占 73.32%，经中介介绍就业的占 6.84%，经其他渠道就业的占 19.84%；2016 年中职毕业生经学校推荐就业的占 70.67%，经中介介绍就业的占 6.47%，经其他渠道就业的占 22.86%。从这些数据可知，学校推荐是学生就业的主要渠道。同时，随着信息网络的发展，毕业生可以在网站发布求职信息，企业通过浏览求职信息，选择所需人才。

另外，在一系列国家政策的影响下，企业的主体地位也逐步下降。例如，《国家劳动总局关于加强和改进学徒培训工作的意见》规定把学校因素加入学徒制中。《中共中央关于教育体制改革的决定》指出要实行"先培训，后就业"的育人制度，即企业改直接招学徒工为招生培训。《国务院关于大力发展职业技术教育的决定》要求开始招定向培训生，学校职业教育制度取代了正式的学徒制。据统计，2011 年我国中等和高等职业学校在校生总数超过 3000 万，依托学校和教育机构开展的各类培训达 6000 多万人次。学徒制渐渐被职业教育取代后，我们却发现由学校培育的技能型人才并不能完全适应经济社会发展的需要。

（二）学校本位导致学徒考核主体多元标准缺失

在传统学徒制中，有着严格的入门考察。徒弟出师前，师傅、雇主和行会组织等多方评价主体，要对其专业技能、生活礼仪、职业道德等进行多方面的考察和评价。而现在的职业教育，由于普通教育的扩招和政府对普通教育的政策倾斜，生源质量严重下降，学校为了获取大量生源，逐步改革招生办法，不断放宽年龄、身份等限制条件，并且在招收初中毕业生的同时面向社会招生，学生质量参差不齐。学生在毕业时，只要达到学校所要求的学分或者成绩即可顺利毕业。对学生的考核标准过于简单，只是进行简单的知识考核，而对于职业道德、职业素养、技术等级这类难以用具体分数或规范化形式体现的内容考核较少，各行业企业对学生的结业资格、标准等也不做相关评价，导致学生在毕业后往往因某方面技能的欠缺或道德素养不够等而难以适应企业发展的需要。

（三）学徒的双重身份导致师徒关系从私人化走向社会化

在传统学徒制中，师徒关系有着一定的血缘关系。随着生产力的不断发展，当原有的血缘关系范围内的技术传承无法适应社会发展的需求时，师傅会招收养子，对其进行技能传授，即将技艺传承给家庭以外的成员。在这样的模式下，师徒对家族有着强烈的认同感，师傅将自身所有的祖传绝技毫不保留地传授给学徒，在传递操作技能的同时，师傅还会向其传授为人处世的道理、职业素养、职业操守等内容，保证学徒能更好更快地适应工作，此时的师徒关系较为融洽。到了资本主义生产关系的背景下，学徒教育中的师徒关系由依附关系变为雇佣关系，师傅对学徒的技能传授有所保留，对技艺方面的培养有所减少。随着学校制度的建立，学徒具备双重身份，在企业是学徒，在学校是学生，师徒关系成为平等的社会化关系。此时的教师（师傅）不仅在课上对学生（徒弟）进行理论、文化、实践课程的传授，重视与学校理论知识的结合，更重视学徒的全面发展。现代学徒制逐步回归到教育的本质，在学徒双重身份的条件下，教师（师傅）对其培养内容更加全面系统，使学生所学理论与实践能更好地与企业实际需要接轨，师徒关系走向社会化。随着人文环境的变化和人力资源部门的干预，师徒关系转变为利益相关者，以往融洽的师徒关系越来越理性化，"一日为师，终身为父"的情感因素在师徒关系中的影响程度不断弱化。

（四）基础设施建设不完善导致学习场所情境缺失

在传统学徒制中，师傅对徒弟大多是言传身教，师傅在演练操作过程中潜移默化地对学生产生影响。传统学徒制注重的是学徒在工作现场对师傅技艺操作过程的模仿与思考，并在不断熟练后形成一种适用于自己掌握的技巧、秘诀或者经验。这种技巧和经验一旦掌握后就很难被遗忘，会成为一种内在的本领，对学徒整个职业生涯都有一定的指导意义。而在现代学徒制中，学校缺乏基础设施建设的资金支持，希望通过校企合作的方式获得企业对学生实习实训场所的资金和设备投入，但是企业在学生实习实训基地合作建设方面主动性不高，对配置实训硬件条件的投入不足。缺乏完善的基础设施建设，教师（师傅）只能在课堂上对理论知识和实践知识进行简单讲授，而轻视隐性知识的传授，学生无法生动形象地熟悉具体的操作技巧和程序。学生即使在顶岗实习时有机会了解操作流程和生产工序，但由于大多以观摩走访为主，也难以深入了解企业生产一线。

（五）法律法规落实不到位导致契约机制的缺失

在传统学徒制中，招收徒弟有着严格的条件和程序，订立契约是师傅招收徒弟的一项标志。订立契约前，首先，师徒二人之间要有介绍人和保证人；其次，学徒要拿出部分的资金向公会领取师约；然后，学徒或师傅宴请公会职员和相关人员；之后，学徒将师约交给师傅管理；最后，敬神及向有关人等磕头或作揖表示拜师成功。这种订立契约的仪式是对师徒二人负责的体现。学徒学习期满后，可升级为客师，积累一定的资金后可自立门户。学徒制度就是通过这种晋升机制，把底层学徒转变为社会上层分子。而现在，企业参与合作的重要性尚未明确，参与合作的保障机制尚未建立，参与合作的权益尚未明晰。企业并没有与学生签订契约，尤其是对于不满 18 周岁的中职生，企业无法与他们签订正式的用工合同或协议，仅仅只在学生入学后，与其签订某种合作协议。这种协议无法明确学徒的身份、权利，企业更不需要向学生支付相应的工资，其法律效力比不上劳动合同。

除上述问题外，在学徒待遇上，现代学徒制与传统学徒制也有一定的偏差。在传统学徒制中，师傅或商号为学徒提供简单的食宿，给予学徒一定的报酬。而现在很少有企业为学生无偿提供食宿，并且企业不但不给学生报酬，反而要由学校支付一定的实习费、讲课费、参观费，学生去企业往往只能看，谈不上按教学要求安排生产。

三、实施现代学徒制的策略

针对职业教育工学结合的发展困境，2014 年 9 月 5 日，教育部发布了《关于开展现代学徒制试点工作的意见》，强调将技艺培养和生产实践密切地结合起来，明确了建立现代学徒制的重要意义。在此背景下，我国现代学徒制该如何发展，传统学徒制的优势基因该如何传承，就需要更加深入地研究。

（一）坚持政策引导，构建师傅遴选与契约制度

纵观学徒制发展的历史可以发现，每个历史时期国家都针对其发展现状出台了相应的政策文件，对其发展起到了一定的促进作用。为了更好地传承学徒制的优势基因，必须继续坚持政策引导，构建师傅遴选与契约制度。

首先，国家要充分发挥其指导作用，在国家法律法规层面确定学徒制的合法地位，始终保持对校企合作的深切关注，不断出台支持性、引导性和保护性文件，为其长久健康发展建立政策保障机制。其次，要建立起现代学徒制的师傅遴选制度，在全国范围内公开挑选技艺高超者，政府指派专门的行业机构进行考核，为合格者颁发证书并提供特定的福利和物质奖励，对其进行定期考核。最后，为了提高企业与学校双方的参与积极性，企业与学徒各自的责任和义务在契约（合同）中要有明确的规定，切实保障企业及学徒双方的利益。否则，不仅学徒的培训质量难以保障，还很有可能成为企业的廉价劳动力。例如，畜牧兽医专业学生实习更多是从事饲料推销等与专业技术无关的工作，无法学到更深层次的技术与技能，也不利于现代学徒制的正常运行。

（二）用工匠精神塑造学徒技艺技能

在新的历史时期，由于经济体制改革和市场竞争的压力，企业不断追求利益最大化，这种以利润主导生产的发展模式在一定层面上导致了学生德育实践的缺失。企业与学生的关系被生产盈利所影响，相应的德育机制与内容被偏废，致使学生在工作期间经常违反企业规定，学习态度消极，离职现象严重。因此，为了更好地发挥技能人才服务经济社会的重要作用，必须要用工匠精神塑造人才，加强德育和素质教育。

首先，学校的人才培养方案中必须突出工匠精神的相关元素，对学生进行潜移默化的影响，在无形之中培育学生的工匠精神。其次，在实际的教学过程中，企业师傅应尽可能地向学生传授一系列完整的产业链知识与技能，让其通过学习整个产业链中不同节点的生产工艺、产品性能以及产业发展方向等，进而对工艺形成的历史文化进行全方位吸收。最后，学生的人生观、职业观会在实际操作中获得直接的影响，企业应将其制度文化渗透到顶岗实习中，在实训中对学生的职业素养、业务素养进行提升。

（三）建立企业主导下的现代学徒制度

只有企业最清楚自己需要什么样的人才，企业应当掌握人才培养的主动权，主导职业教育的全过程。在新的历史时期，要继续坚持校企合作，以企业为主导办教育。

要发挥企业的主体作用，强化企业的教育经验，实现以行业企业为主导办学，首先，必须明确行业企业办学的法律地位，国家应出台利于行业企业办学的保护性、支持性政策文件，使其享受应有的政策待遇。其次，应建立鼓励行业企业办学的激励机制，实行税收减免政策，统筹整合多方资源，推动技工教育的可持续发展。再次，允许企业通过占有职业教育集团一部分股份来获得相关的投资收益，对于行业企业办学面临困难的学校允许其通过当地教育主管部门代理的方式取得贷款和获得社会捐赠，为其发展提供一定的资金保障。最后，应大力推行现代学徒制，让企业主动参与到人才目标设定、人才培养方案制订、教学督导的全过程中，凸显课程内容与职业标准相对接、教学过程与生产过程相结合的优势，构建"双主体"培养模式，培养既是工人又是学生的"双身份"学徒，建立校内校外的"双导师"师资队伍，开发理实一体的"双体系"课程。

（四）完善基础设施建设，构建学习真实情景

人的职业能力和职业技能不会凭空出现，而是需要一定的条件才能养成。对于学徒而言，只有在特定的工作情景或工作场景中，个体技能才会获得更高层次的提升。现代学徒制与传统学徒制的重要区别之一就是现代化，要提高现代学徒制的人才培养效果，使学徒形成适应当前工作需要的职业能力，就要在学徒制实施的过程中不断加大对远程信息化学习、虚拟仿真模拟训练等基础设施的运用。

政府和企业必须加大投入，不断强化现代学徒制信息化平台建设，尤其是要强化对实训室和虚拟仿真模拟训练室的建设。除了要配备相应的多媒体投影仪、展示台、墙挂图、专业操作台、操作仪器等现代化设备外，还要注意及时地进行升级和维护。这样才能给学生提供直观性的体验，让学生可以身临其境地去感受工作环境，并且学会通过观察、沟通等获取问题解决的方法，从而在整个过程中掌握一些知识与技巧，有效地培养与提升职业能力。

（五）以行业企业为主导建立学徒质量评价标准

学校与企业共同制定了培养及考核标准后，还要针对人才培养过程建立监控与质量评价机制，以此来保障教学实施严格按照国家职业资格及人才培养方案执行，从而保证现代学徒制所培养的学徒质量。

校企双方要建立学生学业成绩考核、教学质量监控与评价等制度，共同参与、全程监控人才培养过程的质量监控和评价考核。此外，在学徒期结束前还可加入第三方的质量监控与审核，考核标准应依据企业生产岗位实际需求、发展变化制定，采用模块化考核、学分制、分段计分管理等办法，突出对学生（学徒）的职业能力评价，将学徒的学习过程、关键技能掌握程度、职业素养、岗位职责、学习态度等全部纳入考核。最终以资格证书的形式对学徒学习效果进行外化，再由行业专家对其进行评估，依据评估意见决定学徒的去留。这样既能保证监测的客观性，更能保证学徒的培养质量，所培养出来的人才在全国范围内的认可程度也会提高。

（六）顺应学徒制发展趋势，构建校企共育的新型师徒关系

构建良好的新型师徒关系，无论是对职业教育发展、学徒培育还是师傅职业发展来说，都有一定的促进作用。但从目前来看，现代学徒制中的师徒关系仍相对较为松散。良好的师徒关系的构建，既需要师徒双方的主观努力，又需要外界力量的支持和参与。

一方面，学徒在学校接受学校教师的职业教育，在企业接受企业导师的培训与指导，学徒的特殊身份要求学校组织学徒和企业签订三方协议，明确各自的权利与义务。无论是学校教师，还是企业导师都要关注学徒在知识、能力和素质方面的全面发展，在传授理论与实践知识的同时，注重培养学徒的通用能力，满足学徒的职业流动性需求，形成以学徒全面发展为核心的新型师徒关系。另一方面，要重视情感纽带这一重要因素在师徒关系中以及学徒和师傅职业发展中的重要意义。随着人力资源部门作用的增强，师徒关系中的情感因素逐步弱化，师生关系变得比较冷漠，因此要采取相应措施保证情感纽带在师徒关系中的回归，促进师徒关系的和谐发展。

第二节　对现代学徒制的再认识

约翰·杜威的职业教育理论与现代学徒制有一定联系，约翰·杜威（John Dewey，1859—1952）是美国著名教育实践家、理论家，其实用主义教育哲学对后世影响深远，他在"美国思想史上的权威地位在美国学术界是公认的"。杜威教育思想的精髓基本可概括为"从'做'中'学'"，这也是杜威教育理论的核心内容，源自杜威对美国传统教育的理性检视。而现代学徒制归根到底也是通过"做"来习得职业知识，为之后的职业发展做准备。

从价值层面上看，杜威的职业教育理论和现代学徒制的提出都是为了适应个人和社会的发展；从教育目标和方法上看，杜威强调主动作业，以培养适应社会发展的人，而现代学徒制也是强调在工作情境下学习，以使学徒习得适应未来职业发展所必需的知识及技能；从特点上看，杜威的职业教育理论和现代学徒制都强调与真实工作情景的联系。

一、现代学徒制的价值：社会发展与个人发展并举

现代学徒制的提出有深刻的社会发展意义和个人发展价值。从社会发展层面上看，杜威职业教育理论的提出是为了适应工业革命大环境下美国社会变革的需要；我国同样需要一定数量的高技术工人，以适应社会高速发展的需要，所以现代学徒制培养体系应运而生。从个人发展层面上看，杜威的教育思想和个人素质的提升紧密相关；而我国现代学徒制的开展有助于使学生在获得相应职业技能发展的同时实现自我发展。

（一）社会发展促使现代学徒制萌生

19世纪末20世纪初，伴随着工业革命的发展，美国新兴技术发展迅速，与此同时也产生了一系列亟待解决的问题。工业的迅速发展要求相应的人才从事相关职业，以适应当时工业化社会发展需求，正如杜威在《学校与社会》中所说："首先引人注意的那个笼罩一切，甚至支配一切的变化是工业上的变化——科学的应用导致了已经大规模地和廉价地使用各种自然力的重大发明，以生产为目的，世界市场，供应这个市场的大规模制造业中心以及遍布各地

的廉价而迅速的交通工具和分配方法也在发展起来。"由此可知，由于科学技术的迅速发展，一些重大发明的交替产生，促使城市工业文明的出现和美国社会的转型，在这种时代大背景下，必然导致人才培养模式的变革。杜威意识到传统职业教育中学习与生活脱节的教育方式已经不能满足当时美国社会迅速发展的需要，由此其职业教育理论应运而生。杜威教育理论体系核心为实现民主主义的需要，其理论与社会发展紧密相连。杜威认为"职业是唯一能够使个人的特异才能和他的社会服务取得平衡的事情"，而如何找到个人才能与社会服务的平衡点则是关键所在。具体来看，要将个人的才能与社会的发展挂钩，其要点在于能让个人才能尽其用，途径是让个人懂得如何发挥其才能。现代学徒制倡导企业与学校相连，则可让个人更好地适应社会工作环境，从而将其才能充分运用于社会发展中。

现代学徒制与中国社会的发展息息相关。在全球化背景下，我国产业结构面临着转型，经济结构面临着调整，"学校教育由于不重视知识在工作场景中的运用，在培养人的创新能力与综合职业能力上显现出诸多弊端，高质量的校企合作成为国际职业教育发展的主流"。[①] 现代学徒制所要解决的问题是怎样才能让学生将所学知识真正应用到未来工作场景中，进而应对现代社会改革发展的浪潮。现代学徒制要求找到学生的学习和未来的工作之间的结合点，增强学生的工作适应能力，从而让其在未来走入岗位时能够从容应对，由此促使生产力的进一步提升，进而让整个中国社会在经济产业结构极速调整的背景下稳步发展。

（二）个人成长激发现代学徒制生成

杜威特别强调职业的选择应与个人的兴趣相契合，他认为："找到一个人适宜做的事业并且获得实习的机会，这是幸福的关键"，"天下最可悲的事，莫过于一个人不能发现一生的真正事业，或未能发现他已随波逐流或为环境所迫陷入了与志趣不一致的事业"。[②] 而在杜威眼中，这种个人所要找到的真正的事业是一种能让个人能力得到充分发展的职业，是一种能够在工作中减少摩擦的职业。杜威用"奴隶劳动"巧作比喻，认为所谓的奴隶劳动从本质

---

① 张丹宁：《杜威职业教育理论视域下的现代学值制诠释》，载《职业教育研究》2019 年第 10 期。
② 同上。

上说就是一种浪费，因为如果奴隶没有被局限于设定好的劳动中，他的许多才能必然能够更好地运用到社会中去，"如果一个人不能在工作中发挥自己的特长，奴隶制度不过是在某种程度上说明了发生的一切"。而让个人明白自己究竟适合何种职业，明确自己未来志趣何在的关键途径在于真正去体会相应的职业，真正去感受相应职业的真实过程。

现代学徒制给学生提供了相应的平台，让他们投入到工作过程之中，将所学的知识运用于工作的真实场景中，由此在熟练掌握工作技能技巧的同时才能判断自己是否能够适应相应的工作，知晓自己的才能是否能够得到相应的发挥。学生在反复工作学习中，可以感受到这种工作是否是自己未来兴趣所在。如若觉得与自身兴趣能力相契合，那可以在现代学徒制实施所提供的工作平台中进一步锻炼自己的能力，从而在未来走上工作岗位之后更加充分发挥自己的能力；如若觉得自身兴趣能力与现代学徒制中企业所提供的工作并不相符，就可以及时调整方向，避免造成自身才能的进一步浪费。

二、现代学徒制的关键：学校与企业深度合作

现代学徒制的关键是学校和企业为了各自的发展进行的深度合作。一方面，对于学校来说可以达成更好培养人才这一深层次目的；另一方面，对于企业来说，可以在未来得到更有实际工作经验的员工，以获得相应利益。

（一）人才培养是目的

杜威尤其强调主动作业在职业教育中的价值，他所谓的作业"是有目的的、持续不断的活动"，这种"通过作业进行的教育所结合进去的有利学习的因素比任何其他方法都要多"。杜威认为，通过主动的作业可以唤起人的本能习惯，这种主动作业与被动接受不同，它可以促进人的思维层面的发展。现代学徒制所体现的就是这种主动性，学生工作的过程就是主动思考的过程，在这种过程之中伴随着目标的出现和问题的解决。

杜威认为每一次主动作业所对应的是相应目标，而每一个目标对应的是一个结果。为了达到这种期望的结果，就必须解决活动之中所产生的问题，故作业的最终目的在于活动的实现，而非作业之中所附加的其他东西。

现代学徒制认为，学生在企业中工作一方面可以为企业创造相应的利润，而更为重要的是，企业可以在用人的过程中教育人，让学生真正学到如何解

决相应的问题，从而促进教育活动的顺利开展。在未来走上工作岗位之后，由于学生已经较为充分地习得了相应的技能，则可在一定程度上避免在工作时犯错。对于企业来说，未来所招收的员工如果都进行过现代学徒制相关的培训，则可节省岗前培训的时间，让员工更快上手，故从长远来看企业可以获得更大利润。

现代学徒制并不是为了培养人而培养人，也不是培养工作机器。学生参与生产工作的过程也是学生全面发展的过程。因为现代学徒制要求企业真正地雇佣学生，学生在企业中不是发展单方面能力，而是以其所从事的职业为依托获得多方面能力的养成。"现代学徒制非常重视学徒的能力目标，包括语言交际能力，团队合作能力，信息素养，专业技能技术与复杂任务的解决能力等"。在职业发展之中，人和整个大的职业环境是分不开的，必然涉及与他人之间的交往，由此学生的语言交际能力能够得到锻炼；在进行某个工作项目的过程中，一般情况下不会是单枪匹马作战，而是要进行团队的合作，由此学生的团队合作能力能够得到锻炼；无论是何种工作，都会在工作过程中面临多方面的问题，而解决一个问题必然会涉及诸如信息搜集、专业技术知识等多方面能力的运用。由此可见，现代学徒制所要求的是真正工作环境的参与，锻炼的是多方面的能力。

正如杜威所言："职业给我们一个轴心，它把大量变化多样的细节贯穿起来；它使种种经验、事实和信息的细目彼此井井有条。"杜威曾经以"艺术家"这个职业进行举例，认为一个人选择成为艺术家，也必然要与其他各种生活相连，"要靠他对各种兴趣提高警觉，富于同情"，否则这个艺术家不能够找到其艺术活动中所需要的题材，进而也不可能成为真正的艺术家。现代学徒制也不是把学生完全禁锢在一个职业上，而是以某种职业为依托促使各方面能力得到提升，从而达到育人的目的。

（二）主动作业是手段

现代学徒制的特色在于让学生充分参与到工作情境中去，即现代学徒制强调学生在企业中直接参与一线工作，在具有丰富生产经验和教育资质的企业师傅的带领下围绕生产实践进行技能训练与方法学习。在这种真实环境下的锻炼也是现代学徒制的优势所在。通过在实际企业这一工作环境下的锻炼，学生可以感受到工作真实的样子，围绕工作中所产生的具体问题进行学习。

这样的学习可以使学生以更高的效率获取相应的工作经验与知识，进而避免了盲目性。而传统职业教育只是关注书本上知识的获取，实际经验的缺乏导致学生与生活割裂，这是杜威职业教育理论中强烈反对的。

杜威曾用实物教学举例，认为如果实物教学的目的是灌输知识，那么这种实物教学无论如何也绝不能代替关于农场和田园的动植物的直接知识，这种直接知识是通过在实际生活中照料动植物而获得的。换言之，学校即使设有相应的训练科目以促进学生知识掌握，也不可能与每天在企业中从事相应的职业活动而获取经验相提并论。文字的学习诚然在一定程度上可以锻炼思维能力，但是相对于运用实践能力来说，还是远远不够的。解决的方法即是提供相应主动作业的机会，让学生真正在真实的场景中获取相应的知识。

让学生获得这种真实场景的学习正是现代学徒制的特色所在。现代学徒制一是融合了传统学徒制中让学生在师傅的带领下现场学习的优势，二是增强了现代社会教育教学中有目的地培养人才的意识。传统学徒制可以概括为师傅手把手教学徒，让学徒按照师傅的要求和动作去做。在正规学校出现之前，就是通过这种传统一对一或者一对多的形式让学生掌握相应知识技能。而由于现代社会的发展、学校的出现，教师的"教"和学生的"学"逐渐割裂开来。学生学到的基本上是书本知识，而当未来走上工作岗位时依然手忙脚乱。现代学徒制通过主动性质的作业，则可在一定程度上解决这个问题。在企业之中有师傅教授相应的知识经验，由此让学生更好地掌握相应的实践知识。企业职能也从单纯的用生产产品以获得相应的利润扩展到承担人才培养的重任。这是企业职能的扩散，也是社会进步的表现。"现代学徒制是传统学徒制的内涵与学校教育的形式统一体，学校和企业成为学生技能培养和素质养成的共同主体"。现代学徒制要求学校和企业共同进行人才培养，由此企业的职能发生了很大的变化，企业不仅仅是"被要求"做的对象，而且是主动培养人才的主体，这种主体职能的赋予使企业在育人方面有了重要意义。

三、现代学徒制的特色：完全进入企业内部

现代学徒制的特殊之处在于，学生是完全融入企业内部的。换言之，学生是真正受到企业雇佣而非以实习生的身份去企业学习。

（一）以员工身份进入企业，获得相应福利待遇

现代学徒制不同于普通校企合作的一大特点在于，学生和企业可理解为一种被雇佣与雇佣的关系，即"企业以'员工'身份雇用学徒并为之提供相关的培训，学徒则以'低薪'为企业工作"。由此可确定的是，学生在现代学徒制实施的过程中是实实在在根植于企业内部的，而非单纯实习，如此便做到与生活紧密相连。"学徒享受的合法权益除了工资待遇与熟练技术工人有所差别外，劳动保护、安全措施、社会福利等一般与其他员工并无差异。"由此可见，现代学徒制下学生的身份就是员工，享有员工应有的福利待遇。这与杜威在《明日之学校》中所论相契合。虽然杜威认为人才的培养是重中之重，但是他也从不否认经济价值的意义。他在《明日之学校》中曾这样论述，"假如学校要承认各阶级学生的需要，给学生一种训练，保证使他们成为有成就的、有用的公民，那就一定要给他们一种工作"。因为在杜威眼中，工作可以让学生身体得到发展，道德得以完善，当然也包括取得经济上的独立。工作本身意味着取得一定酬劳，在经济上获得相应利益。对于学习者来说，这种利益的获取虽不是重点所在，但也是必要的一环。

总体而言，杜威的逻辑脉络是：如果想让学生成为有用的公民，就必须给其相应的训练，而这种训练即为工作。在工作过程之中，不仅能获得相应的能力，还可得到相应的经济效益。现代学徒制给学生提供了相应的工作训练，在这种工作之中，学生一方面可以获得相应职业方面的技能技巧，完善相应知识的学习；另一方面以员工的身份在企业中工作，可以享有一定的福利待遇。与此同时，学生在工作过程中会成长为对社会有用的人。

（二）以员工要求履行相应职责，习得对应工作经验

现代学徒制中企业与学生为雇佣与被雇佣的关系。学生从事相应的工作，承担工作中应承担的职责。在此同时，学生通过工作中的亲身经历，取得相应的工作经验。

关于什么是经验，杜威曾在《经验与教育》中点明，在实践之中所获取的具体的东西才是经验，他认为，"一切原则，就它们本身来说，都是抽象的。这些原则只是由于它们的应用的结果才变成具体的"。也就是说，单就具体的原则，或是具体的知识而言，其本身就是抽象的。只通过抽象的接触就获取具体的经验实则较为困难，解决的方法是将抽象转化为具体。而具体经

验的获取是将抽象的知识运用到实际中去，这种运用即为实践的过程。现代学徒制所提供的就是这种实践场景，所要做的是让学生真正体验职场。真实的工作环境即为学习环境，在这种场景之下，可将抽象的书本中原则性的知识转化为具体的经验，从而加强职业适应能力，为未来职业发展做好准备。

经验获得需要反复尝试，不可能一蹴而就。杜威提出"经验的连续性原则是建立在习惯的事实之上"。所谓的连续性即为一种多次的过程，经验本身很难通过某一次的尝试完全掌握，技能的熟练需要在不断尝试中将经验完善化。现代学徒制认为职业技能绝不是通过一天或者是几天在企业进行参观就能掌握的，而是要真正成为企业的一员，在长期融入企业的过程中使经验不断完善，进而获得真正有益的经验。

所谓的习惯，根据杜威的观点，其特质可具体概括为每一件经历过的事情会改变经历过这件事情的人。换言之，每一点日常的积累会在不自觉的过程中养成相应的习惯，从而成为个体的经验。现代学徒制的实施是要求企业做到雇佣学生，让学生以企业中员工的身份进行训练。学生在企业中的工作经历，会变成其形成习惯的一种过程，进而成为经验。

四、现代学徒制的折射：学校与社会相融合

杜威认为："社会是一些循着共同的路线，具有共同的精神，并参照共同的目的而活动的个人聚集在一起而成的。"也就是说，社会之中的成员本就是一体的，他们有着共同的精神思想，有着共同的生活目的。这与现代学徒制中关于企业与学校的关系有着相似之处，企业和学校都可认为是社会中的一员，共同承担了社会发展的需要。而现代学徒制实施的过程则是一种育人的过程，此项过程需要企业和学校共同承担。由此便将企业和学校聚集在了一起，其共同的目的则是让学生能够更加熟练地掌握相应的知识技能，在未来能够更好地走向社会，成为更好的社会成员，这当然也是学校与社会融合的表现。长久以来，企业被认为是学生进入社会之后才需要接触的，而学校也只是习得知识的场所。这种认识导致学生在学校习得充足的知识后，认为自己已经完全掌握了相应技能技巧，然而当未来真正走上工作岗位之后，才发现所谓已习得的知识只不过是书本上的泛泛而谈。

要摆脱学校所学的知识与在实际生活中运用脱离的局面，就必须在实际

从事工作过程中进行知识习得。"现在学校必须提供过去由家庭负责的那些教育因素，'有目的地'去做，出于本能、经过试验发现这类作业能主动地吸引住学生，并授予他们在任何其他方式里得不到的某些东西。由于对这类作业的真正重要性的意识还很不够，因此往往以一种漫不经心的、混乱的和不相连贯的方式去从事。"① "过去家庭负责的教育因素"宽泛地说即为一种实践技能。这种实践技能开始是在家庭中养成的，但是由于时代发展、社会进步、社会分工等，学生要进入到学校学习，教育形式发生相应的改变。而无论教育形式呈现何种变化，教育实质还是不会变的。通过教育所培养出来的人终究是要进入社会，以适应社会发展需要，这就体现出了实际技能掌握的重要性。

现代学徒制下所映射出的就是学校与企业之间的融合，在企业之中的工作本身即为学习的过程，企业也就是学习的场所。从这个层面看，学校的含义所呈现出的是扩大状态，企业也可以成为育人的一部分。在企业中工作的过程是亲自动手去尝试的过程。对于职业本身来说，就意味着亲自去做某件事情，在做的过程中习得相应的技能与经验。而职业教育所应当做的，就是让学生掌握这种相应的技能，从而才可正确应对未来职业发展中可能需要应对的问题。正如杜威所言："我们必须按照这种作业的社会意义把它们看作是社会自身赖以前进的各种过程的模式；看作是使儿童确实感到社会生活的一些基本需要的手段；看作是使这些需要由于日益发展的人的理解力和创造力而得到满足的方式。总之，把它们看作是一些方法，通过它们，学校自身将成为一种生动的社会生活的真正形式，而不仅仅是学习功课的场所。"②

对于学生来说，他们掌握的正是在社会中生活的基本手段，而这些基本手段的习得方式即为在工作场景之下。同时，在工作过程中，还可以让学生的各项能力都得以提升。从本质上说，现代学徒制的实施使学生在企业中工作学习成为日常生活的一个部分。由此企业与学校之间的边界被打破，企业也可以是育人的场所，学校也可以是工作的地方，如此便将社会生活和学校生活相互融合。

---

① 张丹宁：《杜威职业教育理论视域下的现代学值制诠释》，载《职业教育研究》2019 年第 10 期。
② 同上。

第三节　现代学徒制对我国教育的启示

现代学徒制的提出适应了当代社会发展的需要并得到稳步发展。从实用主义教育思想家杜威的教育理论中，可以看出现代学徒制发展的合理性与必要性，同时该理论也为我国大力推广现代学徒制提供了一定的指导意义。

一、现代学徒制促进学生的职业能力发展

现代学徒制作为职业教育理论的重要部分，其目的在于让学生的能力得到培养，在工作大环境下促使职业发展水平得到提升。而在工作之中所锻炼的绝不是单方面能力，现代学徒制所强调的真实工作环境的选择是把学生和生活紧密相连，进而使学生的多方面能力得以发展。在企业工作过程中，学生可以理解掌握自己当前所从事的工作，从而为未来职业发展打下良好的基础。

二、现代学徒制让企业也成为育人的主体

现代学徒制的特殊之处在于企业也能够承担相应育人的职能，这是杜威言论中学校和社会严格界限被打破的表现。学校和社会本来就是相关的。学校本身也是社会生活中的一个部分，不可能与社会割裂开来。不只学校可以承担培养人才的职责，企业也同样可以，甚至在企业中掌握相应的知识技能比全部在学校中习得更为有效。换言之，单纯的书本知识讲授已经难以适用于当今社会职业教育的发展，所以现代学徒制的出现有其合理之处。在现代学徒制实施过程中，让企业成为教育学生的主体，也是当今职业教育发展进步的一种表现。

三、现代学徒制强调学习与生活密切相连

正如杜威著名言论"教育即生活"所述，教育和真正的人生从本质上说就是具有一定相关性的。尤其对于职业教育来说，学生不可能和职业环境割裂开来空谈职业知识的掌握，所以实际的锻炼必不可少。现代学徒制所提倡

的就是教育与生活的联系，学习者既以员工的身份参与企业工作，又以学生的身份习得相关职业技能，从而取得事半功倍的效果。

四、现代学徒制特色在于学生以员工的身份进入到企业中去

学生的身份是员工而非单纯的企业实习生，这是现代学徒制的特色所在。学生享受企业员工应有的福利待遇，这是学生真正融入生活的表现。杜威特别强调职业教育的重要意义，也特别赞同通过主动性的作业来促进职业知识的习得。让学生以员工的身份加入企业，无疑给了学生一个真实的学习情境。而这种情境则十分契合杜威的"从'做'中'学'"，这也是掌握职业知识的最佳途径之一。

第四章　现代学徒制的国内外发展概况

学徒制被认为是一种古老的职业教育形态，但它却拥有令人匪夷所思的生命力。虽然在大工业时期，它曾因学校职业教育的兴盛而被边缘化，但在许多西方发达国家，现代学徒制已成为新的职业教育选择和发展趋势。

第一节　现代学徒制国外经验借鉴

我国现代学徒制正处于发展起步期，目前尚未构建起完善的法律、制度体系规范指导现代学徒制的发展，解决改革中出现的具体问题，因此亟须借鉴国外先进经验。目前，现代学徒制发展得比较好、对我国有较大借鉴意义的当属德国、英国以及澳大利亚这三个国家，这三个国家的现代学徒制都是自 20 世纪 60 年代开始逐步发展与成熟起来的。

一、国外现代学徒制发展情况

从 20 世纪 80 年代开始，西方各国针对传统学徒制进行改革，形成了现代学徒制。不同国家的现代学徒制各有其特点，比较典型的有德国的双元制、英国的"层级化"现代学徒制以及澳大利亚的新学徒制等。

（一）德国双元制

德国的现代学徒制开展得较好，主要原因在于制度较为规范，且有法律保障以及就业资格准入等，企业的参与程度较高。根据相关调查显示，500人以上的大企业的学徒制参与率为 91%，双元制也是德国职业教育中现代学徒制的重要支柱，双元制是将学校教育和职业教育紧密结合的新学徒形式，为国家的技术创新与工业发展提供基础保障。"双元制"为德国经济的发展做出了难以替代的贡献，也确保了德国劳动者的高品质与高素质和产品的高质量与高效能，进一步促进了德国国民经济的可持续发展，增强了德国的国际竞争力。

（二）英国"层级化"现代学徒制

英国是实行学徒制较早的国家，也是历史上受益于学徒制模式最多的国家之一。英国学徒制可以追溯到 12 世纪初期，发展至今已有 900 多年的历史，底蕴深厚并且影响深远，取得了令人瞩目的成绩。"层级化"现代学徒制是国家职能战略转型的重要途径，学生可以通过基础现代学徒制获取二级国家职业资格证书，通过高级现代学徒制则可获取三级国家职业资格证书。英国"层级化"现代学徒制能够有效提高劳动技能与素质，培育出来的人才也深受社会与企业的欢迎。

（三）澳大利亚新学徒制

澳大利亚新学徒制备受关注，主要原因在于澳大利亚的新学徒制与传统的隔离学徒制和人才培训模式有效结合，构建了集实践操作与课程体系于一体的人才培育模式。项目与标准是在全国统一的框架下培训的，而政府则结合市场的多元化发展需求进行运营，采用商业拨款形式，根据学徒的人数确定课程设置，并且根据相关标准进行拨款。

（四）瑞士三元制

瑞士三元制指的是职业学校与培训中心、企业在三元制人才培育模式中，根据各自的发展优势，制定统一的技能考试与培训内容标准，促使职业学校和培训中心、企业三位一体，切实提高办学质量与效率，同时促进学徒制培训模式规范化发展。

（五）其他国家的学徒制

芬兰、新西兰和奥地利等都选用了产教结合形式的学徒制度。现代学徒制是基本制度的重要载体，也是国际职业教育发展的重要主导模式与基本趋向。但是现代学徒制对我国而言仍然处于起步发展阶段，现代学徒制是将职业技能型人才的培养提升至国家人力资源开发的战略高度，进行长远谋篇布局的重要举措，要实现这一目标，我们仍然有一段很长的路要走。

二、德国学徒制

（一）德国双元制的历史演变

德国双元制被认为是当今世界职业教育的典范，它经历了错综复杂的历史过程才演变形成。

1. 手工业行会学徒制（12—17 世纪）

德国的学徒制是从中世纪早期的行会学徒制开始的，最早史证可以追溯到 1182 年，手工业行会学徒制的兴起与德国行会制度在中世纪的盛行有密切联系。

12—13 世纪的德国，手工业生产显著发展，特别是城市手工业逐步取代了农村手工业。随着城市手工业的发展，德国手工业行会制度也逐渐建立并发展壮大起来。手工业行会中的从业者被严格地区分为学徒—工匠—师傅三级。"手工业师傅训练"（即学徒制）是手工业行会培养手工艺人的方式，也是当时唯一的职业教育形式。学徒在师傅的家和作坊里学习和生活，主要教育方式是师傅示范，学徒模仿和练习，师傅不传授系统的理论知识。更为重要的是，手工业行会通过学徒制可以控制生产规模，减少市场竞争。

2. 行会学徒制的衰败（18 世纪到 1869 年）

到 18 世纪，德国的手工业行会对学徒制培训的控制力已经非常薄弱，到处出现滥用学徒制的情况，引起许多社会问题。德国出台了各种规章法令，对学徒制的学徒资格、师傅资格、学徒年限、满徒条件等进行规范。因为行会制度严重阻碍了市场竞争，阻碍了生产的进一步发展，所以德国政府要通过鼓励自由经济来繁荣社会。但是，行会的顽固斗争，出于保护本国手工业的考虑，又使政府难下决心废除行会对经济的控制。在这一时间，德国政府对行会（或学徒制）的政策态度呈现出在自由经济和保护主义两者间摇摆的特点。

经过多次摇摆，1869 年颁布的《北德意志联邦工商条例》最终全面确立了经营自由制的原则，它代表了德国自由主义经济法制的高峰。该条例当年在德意志帝国生效。其中的第 115—125 条条款是关于学徒制的，它去除了当时强制性的职业资格证书、书面学徒制合同、学徒比例、学徒制时间以及费用等规定。

3. 双元制的初建（1869—1920 年）

19 世纪 50 年代至 19 世纪 70 年代，由于资本的大量投入、股份公司的纷纷建立、机器生产规模的不断扩大，德国工业发展经历了"爆发式"的过程。随着德国工业化的发展，探索适应工业发展的新型学徒制的旅程也就此开始。

在 19 世纪的最后几十年里，德国经历了严重的经济萧条时期，包括 1873—1878 年、1882—1886 年以及 1890—1895 年三轮经济衰退期，直到 1895—1896 年，德国经济才开始走出萧条。然而，恰恰是这几十年的经济衰退及其引发的社会危机，挽救了已经岌岌可危的德国手工业学徒制，同时滋生出了"双元制"中的另一要素——学校职业教育。并在 20 世纪初，形成了由企业职业培训与学校职业教育双轨并行的德国现代双元制雏形。

4. "双元制"的确立（1920—1969 年）

虽然在 20 世纪初，双元制的两轨——企业培训与学校职业教育，已经基本形成，但是从制度角度上来说，双元制仍然还未得到确立。因为当时还未形成统一规范双元制的综合法案；双元制中的校企合作机制还不清晰；工业学徒制也还未摆脱手工业学徒制的影子，还未能形成适应现代工业生产的教育教学模式；培训的要求和内容还处在各自为政的状态；等等。因此，1920年只是一个起点，适应现代工业生产的双元制探索才刚刚开始。通常认为，直到 1969 年《职业教育法》颁布，才标志着德国双元制的确立。

1920 年，德国教育会议将进修学校改称为"职业学校"，并依据德国宪法第 2 章第 145 条，规定所有 18 岁以下的青年都必须在职业学校里学习。

1938 年 7 月 6 日，德国科学、教育与成人教育部颁布了《义务教育法》，第一次对青年进入职业学校接受普通职业义务教育做了全国性的统一规定，使得双元制在学校的教学部分有了法律上的依据。1953 年，德国颁布了《手工业条例》，再一次确定了企业界对学徒制的职权。1964 年，德国教育委员会在《对历史和现今的职业培训和职业学校教育的鉴定》中首次使用了"双元制"一词，正式将这种企业与职业学校合作培养职业技术人才的形式用语言确定下来。而 1969 年 8 月 14 日颁布的《职业教育法》则是德国职业教育史上的重要里程碑。在这之前，有关学徒制和职业教育的法律规定都是分散在各种经济法案中的。它的颁布标志着双元制作为一个完整的培训体系完成了其制度化的过程。

5. 双元制的发展（1969 年至今）

从 20 世纪 70 年代开始，德国双元制不断面临新的挑战，进入了新的发展时期。1981 年，联邦议院通过了《职业教育促进法》，进一步促进双元制的发展。

（1）重新划分培训职业

为了适应现代生产发展的需要，并不断改善双元制的质量，按照《职业教育法》的框架，自 1969 年以来，德国不断对双元制培训职业进行修改和调整，包括去除过时的职业，组合并重构一些内容相似的培训项目。1971 年尚有 606 个培训职业，到 1994 年就仅剩 373 个了。

（2）建立跨企业培训中心

为了满足没有条件单独承担培训任务的中小企业对培训的需求，德国的行业协会建立了许多跨企业培训中心作为补充。《职业教育法》第 22 条以及 1953 年的《手工业条例》第 23 条规定，培训或想培训但无法完成培训课程的企业可以在培训场所以外提供补充培训。为了帮助这类企业，从 1973 年起，联邦政府向跨企业培训中心提供了大量的资金。跨企业培训中心逐渐成为企业与职业学校以外的第三个学习场所。

（3）引入基础职业培训年

为了使双元制培养出来的职业技术人才能灵活地适应不断变化的经济和职业技能要求，1970 年，德国教育委员会建议在其"结构性的教育计划"中引进"基础职业培训年"。事实上，《职业教育法》第 29 条早已经为把基础职业培训年纳入到双元制中，建立了法律基础，规定了基础职业培训年的培训应该作为双元制中的职业培训课程而获得相应学分。基础职业培训年的任务是传授普遍的跨职业领域的知识和技能以及具有某职业领域的专业理论和专业实践知识与技能。

（4）将双元制纳入正规教育系统

从 1979 年起，所有州的非全日制职业学校毕业的学生也可以获得中等教育阶段的毕业证书，职业学校证书包括最终的职业考试，是与中等学校毕业证书等值的。这代表德国双元制开始被整合到正规教育系统中了。

另外，随着经济技术的发展，德国对既有浓厚理论功底又有熟练实践技能的高层次人才的需求不断增加。同时，人们对高等教育的社会需求也在不断增加。职业教育出现了高移的现象，在高等专科学校规模扩充的同时，还出现了一种以双元制为特色的职业学院。这使得如今德国的双元制已不再是中等教育的专属，它已经成为高等职业教育的一个新宠。

（二）德国双元制

现代学徒制在德国当代的形态为"双元制"，它被誉为战后德国经济腾飞的"秘密武器"。

1. 德国双元制的开展情况

（1）双元制的培训领域

德国的双元制培训是按照受国家认可的"培训职业"来开展的。联邦职业教育研究所每年会定期出版《国家承认的培训职业目录》，受承认的培训职业及培训条例都是随劳动力市场的需要而变动的。目前，德国共有约 350 个受承认的培训职业。这分布在 13 个职业领域：商业与行政管理，金属加工技术，电气工程，建筑工程，木材工程，纺织工程与制衣，化学、物理与生物，印刷技术，色彩技术与室内装饰，保健，身体护理，营养与家政，农业。

（2）双元制的参加情况

双元制是被纳入到德国正规教育体系中的。它是与普通教育并列的一种教育和职业生涯发展选择，并且占据了德国职业教育体系的半壁江山。据统计，2004 年，有 52.5％的青少年是通过双元制完成职业培训的（图 4-1）。

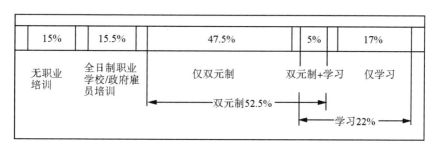

图 4-1 德国双元制参加情况

德国参加双元制的学徒的平均年龄为 19 岁，75％的学徒超过了 18 岁。学徒的来源分布如图 4-2 所示，大部分学徒（68.6％）是来自主体中学或实科中学的学生，15.8％的学徒是具备了大学入学资格的学生，还有 13.2％的学生进入双元制之前在职业学校完成了基础职业培训年的教育。

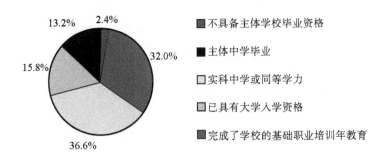

图 4-2　学徒的来源分布

2. 德国双元制的教育实施

（1）基本框架

在德国双元制中，培训企业与职业学校分别是两大重要的教学机构，另外，近些年来，跨企业培训中心也逐渐成为重要的第三支教学力量（图 4-3）。

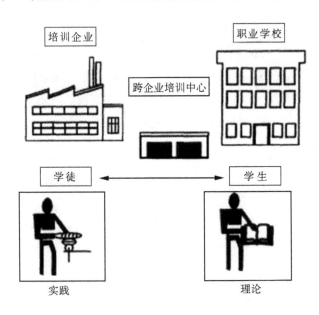

图 4-3　双元制育人（培训）机构

在德国双元制中，学徒通常是由雇主直接招募的，与企业签订学徒合同。一般而言，学徒在企业的培训时间与在学校的脱产学习时间比例约为 7：3。学徒每周 3—4 天在企业中接受职业岗位的技能操作训练，另外的 1—2 天在职业学校中进行专业知识及普通文化学习，学校与企业相互合作，又各司其职（图 4-4）。在整个双元制培训期内，学徒要经过中期考试和结业考试两次大考，由专家组成的考试委员会统一主持，包括笔试和实际操作。通过结业考试后，学徒即可获得由行业协会颁发的全国认可的职业资格证书。

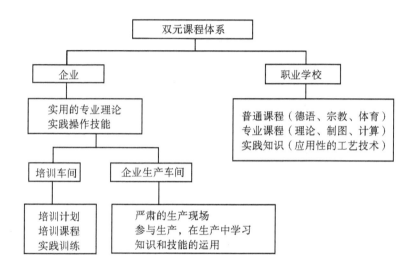

图 4-4　双元课程体系

（2）培训条例与框架教学计划

企业的培训遵循的是联邦政府颁布的职业培训条例，而职业学校的教学则依据的是框架教学计划。职业培训条例对培训职业的名称、培训的时间长度、培训要教授的技能和知识、培训时间进度安排以及考试要求都做了详细的规定。其中，培训要教授的技能和知识以及培训时间进度安排构成了框架教学计划，它是整个职业培训条例中最为核心的内容，企业依据它开展培训。框架教学计划是按培训学年划分的，它对学习范围、学习目标、学习内容和学习时间四个方面进行了详细的规定。

在双元制中，职业教育既发生在企业又发生在职业学校。因此，有必要对两个学习场所的教学内容和教学进度进行协调。这一协调是通过培训条例与框架教学计划的制定程序实现的。在这一程序中，联邦政府、州政府以及各社会合作伙伴即雇主和雇员代表，都进行了充分的合作与协调。通常，开发一个新培训职业需要 2 年时间，更新一个现有培训职业则需要 1 年时间。

（3）培训企业中的教学

企业的培训场所是多种多样的，除开实际工作岗位外，还包括实训工场、企业内部教学课堂，一些较小的企业还将企业培训转移到跨企业培训中心开展。企业开展的职业培训必须依照全国统一的职业培训条例尤其是其中的框架教学计划来开展。依照框架教学计划，企业首先会结合企业的生产实际，制定本企业的培训计划，然后再结合企业生产和学徒的实际情况，制定出学徒个人的培训计划，包括培训时间、地点、内容、培训师以及假期等内容，进而实施培训。

（4）职业学校中的教学

职业学校中的教学场所主要是教室和实验室。1991 年 3 月，联邦德国各州教育与文化事务部长联席会通过了一项关于职业学校的框架性协定，规定了双元制职业学校教学的部分中，2/3 的教学应该是职业导向的课程，另外 1/3 提供普通教育或综合的职业教育（图 4-5）；每周最少提供 12 小时的教学。其中普通教育部分的教学要根据各州规定的课程和教学计划进行，主要包括社会研究、经济、德语、外语、宗教和体育。职业教育部分的教学则根据联邦德国各州教育与文化事务部长联席会颁布的框架教学计划开展。

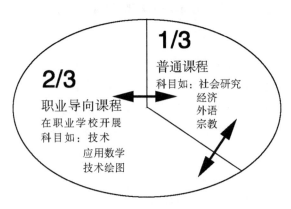

图 4-5　双元制课程体系图

（5）考试与资格制度

学徒要经过中期考试和结业考试两次大考，分别在培训学年的中间和培训结束前1个月进行。考试由行业协会任命的考试委员会组织实施和管理。考试委员会至少要有3名成员，其中雇主和工会代表人数要相同，且至少有1名职业学校教师，但教师人数也不得超过委员会的1/3。

考试包括笔试和实践操作两个部分，有时还可以增加口试。培训条例里对考试的具体要求都做了详细的规定。中期考试属诊断性考试，没有及格和不及格之分，为的是改进接下来的培训。结业考试则是为了检查学徒是否掌握了职业培训条例所规定的实际技能和理论知识。它是重要的职业入门考试，通过者可以获得由行业协会颁发的全国认可的职业资格证书。

（6）师资

德国双元制的师资可以包括在企业中的师傅以及在学校里的理论教师和实训教师三种，德国对这三类教职人员的任职资质都有明确规定。其中，理论教师要求必须毕业于综合大学或高等专科学校，至少有2年以上企业实践经历且必须参加过教师培训学院的学习。实训教师与企业师傅的任职要求大体一致，必须有5年以上工作经验，且为技术员学校或师傅学校毕业，接受过职业教育学和劳动教育学的培训。

（三）德国学徒制的特点

（1）以职业性为首要原则

德国学徒制是受"Beruf"（通常，"Beruf"在中文中被译为"职业"。）概念指导的，这使得德国学徒制与其他国家的培训体系非常不同，尤其是与那些非德语系的国家相比。如今的"Beruf"虽然已经归避了宗教意义，但不能完全归避伦理内涵，并不能简单地将其理解为一般意义上的"职业"，除了谋生手段以外，它还包含了某种专业培训和身份地位的意义。无论是德国历史中的学徒制，还是当今的双元制，都是以职业性原则为首要原则的。具体说来，学徒制培养的是一个职业所需要的技能，而不是某个企业所需要的技能；学徒制培养的是整个职业所需要的技能，而不是零碎的或片面的技能；企业本位是学徒制的核心；学徒制是与特定职业资格联系在一起的。

（2）建立在利益均衡的合作机制上

在双元制中，政府、工会、行业协会以及学校都扮演了不同的角色，并且它们之间通过协商的方式，对双元制的实施达成了一致意见，从而形成了对双元制的各种规范。这些组织比较全面地代表了双元制的所有利益相关者，除了政府，包括联邦政府和州政府两级和学校以外，雇主的利益是由行业协会代表的，学徒的利益是由工会代表的。在双元制的许多组织和管理机构以及规范订立过程中，都可以看到这种利益均衡的合作机制。

（3）企业的高度参与

无论是在德国学徒制的历史中，还是在当前德国的双元制中，德国企业界一直保持着参与职业教育的热情态度和行动。这被人们解读为德国双元制成功的重要因素之一。在双元制中起主要甚至是根本性作用的实际上是企业。德国企业在双元制中的高度参与具体表现为：企业主导职业教育的各项安排。职业培训条例和各州的教学计划分别是指导企业培训和指导职业学校教学的核心文件，它们对双元制职业教育的内容、标准以及时间做出了详尽的规范。企业对双元制职业教育各项安排的主导作用就表现在这两个核心文件的制定过程中。职业培训条例是核心中的核心，职业学校教学计划的制定是围绕它进行的。而在职业培训条例的制定过程中，企业是起了主导作用的。

以企业为主要的培训场所。虽然双元制既包含了企业培训，又包含了职业学校学习，但二者的分工不是平均的。其中企业培训是主体，在时间上，企业培训与职业学校学习之间的比例为 7∶3；在学习内容上，企业培训传授实践技能，职业学校则教授辅助性的专业理论与普通文化知识。

企业本位培训成本由企业承担。与其他国家相比，德国企业对学徒制的高度参与，最为突出地表现为企业对职业教育成本的直接承担。在德国，企业以自愿原则提供双元制培训，承担全部企业本位培训的费用，包括学徒津贴、实训教师工资、设备材料、教学资料等。

（4）较为完善的规范体系

德国为双元制建立了一套相对完整、明晰的规范体系。这可以从宏观、中观和微观三个层面来解析。

在宏观层面，德国双元制建立了较为完善的法律体系。尤其是 1969 年的《职业教育法》，它实现了两大功能：将学徒制整合到教育系统中，规范了工作场所培训。同样，职业学校的义务教育也是受到各州的学校法规范的。法律的强制性特点，充分体现了德国双元制的高度制度化特征。

在中观层面，职业培训条例和框架教学计划使企业培训与职业学校教学有章可循。针对每个培训职业，联邦政府、州政府、雇主联盟以及工会在合作协商的基础上，都分别制定了指导企业培训和职业学校教学的框架性文件职业培训条例和框架教学计划。这个层面的规范，保证了双元制人才培养的质量和流动性，并且对企业的培训和职业学校的教学进行了必要的协调。

在微观层面，教学实施的督导体系较为完善。对于职业培训条例以及州教学计划的具体贯彻实施，德国建立了较为完善的督导体系。其中，企业培训由行业协会督导。所有学徒制合同都要在行业协会注册，同时行业协会还要审查企业培训师和培训场所的资质，它们还要委任专门的培训顾问监督培训的执行。职业学校的教学与管理则由各州的教育与文化事务部进行全面的监督和管理。

（5）提供有力支持的三轨教育体系

与大多其他经济发达的国家相比，德国参加学徒制的人数众多，并不是单纯由学徒制系统本身或文化价值观引起的（虽然它们确实起了一定作用），在很大程度上这是由普通教育系统引起的（德国的普通教育系统遵从保守的政策），保持着传统的三轨教育结构，即主体中学、实科中学、文法学校。这种三轨制的教育结构包含着强烈的社会分轨过程，而欧洲其他国家在最近三四十年都是将不同的教育轨道进行合并或者缩小不同教育轨道之间的差距。

这种强制性的分流给德国双元制带来了两大好处。首先，它保证了双元制可以获得较好的生源。职业教育与普通教育是不同类型的教育，但这绝不意味着职业教育是一种不需要学习基础的教育。良好的普通文化基础和学习能力，使学徒在职业教育中更容易有优秀的表现。同时，这也使得企业愿意加入双元制。因为这些学徒学得快，学得好，他们的培训成本会相对降低，每月劳动产出的直接回报也较高，同时还成了企业未来的人力资源。其次，良好的学徒表现以及企业对学徒的满意度，反过来又提高了德国职业教育的地位，使得双元制在一定程度上摘掉了"次等教育"的帽子。而在许多国家中，职业教育往往被认为是被淘汰者的无奈选择，甚至是失败者的"垃圾场"。这样，由德国三轨制的教育体系产生的良好的双元制生源，使得德国双元制的发展呈现出良性循环。

三、英国学徒制

英国是盎格鲁-撒克逊国家（如澳大利亚、爱尔兰、加拿大）学徒制的典型代表。

（一）英国学徒制的历史演变

与西方大多数国家的发展历程一样，英国学徒制的历史演变典型地呈现出了手工业行会学徒制、国家立法学徒制、集体商议学徒制和现代学徒制四个阶段。

1. 手工业行会学徒制（约 12 世纪到 1563 年）

英国学徒制最早的制度形态是伴随着手工业行会的兴起而产生的。英国的行会制度大约产生于 12 世纪初，并且迅速发展，力量非常强大。不仅各个行业都有行会，甚至在同一行业内部还会产生许多不同行会。

学徒制既是手工业行会培养合格从业者的唯一途径，又是行会控制行业内部竞争的重要手段。此外，学徒制的重要性还表现在它是当时英国人获得公民权的三大途径之一。手工业行会制度将从业者分为学徒—工匠—师傅三个级别，只有师傅才能独立从业。行会规定，学徒必须是男性且年龄在 21 岁以下，每个师傅一般只能招收一名学徒。

在学徒制开始之前，学徒的监护人要向师傅支付学费，与师傅之间必须订立契约，且在行会登记注册。学徒的学习年限为 5—9 年不等，但一般为 7 年。学徒期间，学徒住在师傅家里，与师傅共同生活，边学艺边工作，学徒可以获得少量的报酬。师傅不仅要教授学徒技艺，也担负着对学徒进行道德教育的责任。完成学徒期后，学徒并不能直接升为工匠，而必须接受行会的检查。学徒经行会考核合格后成为工匠，有的继续留在师傅家帮工，有的则到其他师傅的作坊学习，直到他完成了受到行会认可的"杰作"并拥有足够的生产和生活资料后，才会成为师傅，独立从业。

2. 国家立法学徒制（1563—1814 年）

虽然行会制度在初期曾经起到了一些积极作用，但随着社会经济的进一步发展，它越来越成为商品经济和社会化大生产发展的桎梏。工场手工业的发展明显冲击了原有的行会制度，行会制度开始瓦解。为了增加生产，降低成本，越来越多的手工业师傅开始滥用学徒制，他们实际上并不教授学徒技巧,而是把他们当作廉价劳动力。

为了处理各种师徒纠纷,为了拉拢城市旧中产阶级手工业者,同时也为了遏制农村圈地运动的发展,缓解日益严峻的社会矛盾,1563 年,女王伊丽莎白颁布了《工匠学徒法》,用以维系和规范学徒制。《工匠学徒法》还包括了另一些突破了原先行会学徒制的条款,这些条款在 1597 年得到了发展,并最终在 1601 年的《济贫法》中得到了巩固。这两个法案是非常有意义的,它们"是在行会崩溃之后由国家取代行会以使学徒制度继续存在下去的一项必要措施"。1814 年,《工匠学徒法》最终被废除,师傅和工匠的身份不再具有法律性,从业前必须完成学徒制的要求也不再有效,具有国家立法的学徒制时代在此画上句号。

3. 集体商议学徒制 (1814—1964 年)

1814 年《工匠学徒法》的废止宣告了学徒制不再受到国家法律的保护,在法案被取消后,英国的学徒制在大多数行业中依然存在,只是形态发生了转变,学徒制不再受法律约束,师傅与学徒及其监护人之间自由地签订合同或协议,不再对学徒人数和学徒期限进行规定了。缺少了对雇主的强制性要求,这一时期,学徒的利益主要是依靠行业工会集体商议来维护的。但是,当时工会所想保持的学徒制仍然与旧的国家立法学徒制是一样的,包括 7 年的服务期、年龄限制、人数的限制以及涵盖的职业等。然而在实践中,这些限制根本不可能继续。

4. 现代学徒制 (1964 年至今)

1964 年 3 月,英国终于颁布了《产业培训法》,它对英国学徒制具有划时代的意义,标志着英国政府对学徒培训进行直接干预的重新开始。

为了强化政府对职业培训的职责,1973 年 7 月,英国政府重新颁布了《就业与培训法》。根据该法案,1974 年,英国设立了由劳资双方代表、地方教育当局代表、教育界代表按一定比例组成的"人力服务委员会",下设"就业服务处"和"培训服务处",负责促进就业和培训事业的发展。《就业与培训法》颁布之后,政府通过"人力服务委员会"依法对包括学徒制在内的产业培训进行了英国历史上前所未有的高度干预。

为了重振学徒制,解决英国日益严重的技能短缺问题,1993 年 11 月,英国政府再次出拳,宣布要进行一项新的学徒制改革——现代学徒制。英国政府把这一计划看作是"振兴职业教育与培训体系的国家行动计划"。自此"现代学徒制"一词正式亮相于英国的学徒制历史，并掀起了自中世纪行会学徒制没落后的新一轮学徒制浪潮。1994 年 9 月，现代学徒制计划首先在 14 个行业部门试行，对象是 16—17 岁的中学毕业生。次年，该计划被推广到 54 个行业，同时实施了面向 18—19 岁青年的高级现代学徒制。但由于当时对高级现代学徒制的参与人数较少，1996 年 4 月，现代学徒制与高级学徒制合并，仍称为现代学徒制，帮助学生获得 NVQ 3 级水平的资格证书。1997 年 9 月，英国政府又把原来的国家受训生制更名为基础现代学徒制（简称 FMA），对象主要为 16—18 岁的青年，帮助他们取得 NVQ 2 级水平的资格证书。一系列的学徒制改革初显成功，从 1997 年起，参加学徒制的人数就稳步上升。在成功实践的基础上，2004 年，英国政府再次启动新学徒制项目，同时做出了重大改革，包括不再使用"现代"这个前缀，去除 25 岁的年龄上限，并建立针对 14—16 岁青年的"青年学徒制"项目。随着学徒制和高级学徒制项目的成功，英国目前又开展了高等学徒制的试点。这样，英国较为完整的、面对 14 岁以上青年的、分层的学徒制体系基本形成，包括青年学徒制、前学徒制、学徒制、高级学徒制和高等学徒制。

（二）英国现代学徒制

1. 英国现代学徒制的开展情况

（1）学徒制体系的基本结构

英国的学徒制体系是与英国的国家职业资格（NVQ）制度紧密结合的。因此，在介绍英国现代学徒制的结构之前，有必要了解英国的国家职业资格体系。英国的国家职业资格制度于 1988 年开发，其目的是规范工作中所需的技能、知识和理解力，促进终身学习，促进在工作现场进行能力本位考核。NVQ 框架共分 5 个等级，各级的能力标准及相应职务见表 4-1。每一个领域又包括数量不等的专业或职业方向。这一系统由于坚持了由雇主主导、强调能力结果的原则，受到行业的广泛认可。

表 4-1 英国国家职业资格（NVQ）的 5 个等级

NVQ	获得该等级证书需具有的能力标准	相应职务
5 级	有能力从事一份高级的职业，能在广泛范围内、难以预测的条件下应用大量基本原理和技术。负有极大的个人自主权，经常对他人的工作和重要资源分配负有重大责任，并具有个人独立分析、决断、设计、规划、实施和考评工作结果的能力	高级工程师和工程师，中、高级管理人员
4 级	有能力在较广的范围内、各种不同的条件下从事一系列复杂的、技术性的或专业性的工作活动，并能为自己、他人和资源的分配负有较大的责任。具有在广泛领域从事技术复杂、专业性强、条件多变的工作活动的能力。负有很大的个人责任和自主权，通常需要对他人的工作和资源的分配负责	工程师、高级技术员、高级技工、中级管理人员
3 级	有能力在不同的条件下从事一系列复杂的、非日常性的、需要为自己和他人负有责任的活动。具有在广泛领域从事各种复杂多变的、非常规的工作活动的能力。负有相当的责任和自主权，经常需要对他人的工作进行监督和指导	技术员、技工、初级管理人员
2 级	有能力从事活动，包括一些非日常性的，并需负有个人责任的活动。具有在较大范围和变化条件下从事一些复杂的、非常规的工作活动的能力。负有一定的责任和自主权，并能与工作中其他的成员进行合作	熟练工
1 级	有能力从事日常工作活动，具有在一定范围内从事常规的、可预测的工作活动的能力	半熟练工

英国国家职业资格是整个英国职业教育的核心，当代的学徒制体系也是紧紧结合这一体系开展的。经过多次改革和调整后，当前英国学徒制的结构分为 5 个层次，它们与英国国家职业资格之间存在一定的对应关系（图 4-6）。

不过，英国正式的学徒制主要还是指代学徒制级、高级学徒制级和高等学徒制级 3 个层次的学徒制。因为青年学徒制项目和前学徒制项目只是正式学徒制前的准备项目，属于"准学徒制"性质。参加者的身份是学校的学生，虽然英国政府也为这些学徒的培训和评估提供经费，但雇主并不需要向学徒支付工资。

（2）学徒制的培训领域

当前英国的学徒制涵盖十大领域：农业、园艺及动物养护，艺术、媒体与出版，商业、行政管理与法案，建筑、规划与环境，教育与培训，工程与制造技术，保健、公共服务与护理，信息与通信技术，休闲、旅游与观光，

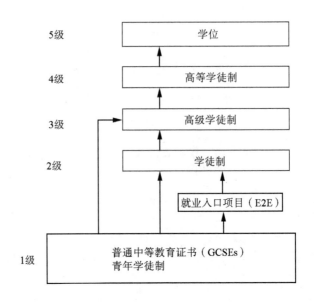

图 4-6　英国学徒制结构图

零售与商业。每个大领域下又包含若干子领域，十大领域总计包括 108 个子领域（表 4-2），每个子领域中又包含若干职业岗位。学徒制是按子领域划分类型的，再根据子领域中所包含的职业及其对应的国家职业资格层次，划分学徒制的层次。最终，学徒制项目是以某一子领域中某个层次的项目的形式出现的。

表 4-2　英国学徒制的职业领域及子领域个数

职业领域	子领域个数
农业、园艺及动物养护	12
艺术、媒体与出版	4
商业、行政管理与法案	11
建筑、规划与环境	8
教育与培训	2
工程与制造技术	35
保健、公共服务与护理	14
信息与通信技术	3

续表

职业领域	子领域个数
休闲、旅游与观光	5
零售与商业	14
总计	108

（3）学徒制的参与情况

英国学徒制的参加人数从 1995、1996 年的约 2.6 万人增加到了 2007、2008 年的约 20 万人。但英国参加学徒制的人大部分都不是直接从学校毕业的学生，而是已经就业的人。据学习与技能委员会估计，2006、2007 年中有 77％的学徒都是已就业者。在 16—18 岁青年中，选择学徒制的比例仍然非常小，仅占 6.3％左右。另外，英国每年成功通过学徒制的学徒人数从 2001、2002 年的 3.9 万人上升到了 2006、2007 年的 11.2 万人，完成率相应地从 23％增长到 63％。虽然有较大提升，但这一数据总体上仍不够乐观。而企业对学徒制的参与情况更加不令人满意，目前仅有约 10％的企业实行了学徒制，其中在私有经济部分，最乐观的估计也仅为 13 万个企业雇用了学徒。

2. 英国现代学徒制的教育实施

（1）学徒制框架

在英国，每个学徒制项目都有一个学徒制框架，它是由行业技术委员会与企业根据国家职业标准联合开发确定的。它是对学徒制学习内容和标准的基本规范。这意味着雇主和培训提供者必须提供框架里的所有要素，才能得到政府的学徒制拨款；同时也意味着所有学徒都必须满足框架里的所有要求，才算完整完成了学徒制内容。各行业的各个学徒制项目的基本框架具体内容虽然各不相同，但所有框架都包括了三大组成。

能力本位要素，其形式是 NVQ，它是学徒制项目框架的核心。学徒制的级别实际上就是由 NVQ 的级别决定的。能力要素的内容可以由行业技能委员会、行业机构及雇主来决定。评估方法则由行业技能委员会同资格与课程署合作决定。可以根据需要适当加入一些知识本位要素。

知识本位要素，其形式是技术证书。技术证书确保学徒具备必须的理论基础知识。知识要素通常通过行业技能委员会和行业机构决定并经资格与课程署同意，单独评估。知识要素既可以单独认证，也可以作为能力要素的一部分进行认证。

可迁移的或关键技能，其形式是关键技能资格，包括六类：交流、数字应用、信息通信技术、与他人合作、学习与业绩的自我提高以及问题解决。其中学徒制（2级）必须至少达到数字应用关键技能1级和交流关键技能1级；高级学徒制（3级）必须至少达到数字应用关键技能2级和交流关键技能2级。

（2）企业与培训机构的教学合作

由于具有可以得到政府拨款的利益驱动，企业与培训机构的合作通常是由培训机构来寻找合作的企业。也有企业主动寻找合作的培训机构，但这种情况比较少。一般，培训机构会向企业派出一名代表（或称学徒导师），来帮助企业开发和开展学徒制工作。他们的职责包括：帮助企业确定哪些学徒制适合企业开展；解释在企业中可以如何开展学徒制培训以及获得政府拨款；对企业与学徒的培训计划进行认可；招聘学徒；管理培训和评估；确保培训符合国家质量标准，并开展统一的培训。

确定了学徒制岗位后，企业或培训机构便可对外发布招聘广告。学徒制岗位申请是全年开放的，申请者可以随时申请。但获得学徒制岗位与正式求职一样，往往需要面试，甚至要参加考试。企业里的培训由雇主负责，学徒跟随有经验的员工学习特殊岗位技能，雇主通常还会安排一个助理在学徒的学习全过程中提供帮助。此外，学徒还要在培训机构接受普通文化知识和基本理论培训，可以采取日释或期式的方式开展（通常以日释为主），但必须保证学徒平均每周不少于16小时的企业带薪工作。而培训机构为每个学徒指定的导师也会全程跟踪学徒的学习进展，并随时解决各种问题。不过，对于培训机构教师以及企业培训师，都未见英国有特别的资质要求。

学徒制培训的完成时间并不固定，它是根据学徒是否达到学徒制框架中规定的能力要求，即取得相应的认证来确定的。学徒取得学徒制框架里规定的所有资格认证时，就完成了该学徒制项目。因此，英国学徒制培训的完成时间实际上取决于学徒个人的能力以及雇主的要求两方面，不过通常为1—4年。

（3）考试与资格制度

英国的学徒制本身并没有专门的学徒制资格和证书，但通过学徒制培训，学徒可以获得学徒制框架里所规定的各类认证，包括三类国家职业资格（NVQ）、技术证书和关键技能资格。这些证书和资格的取得并不完全依赖于正规的书面考试，许多颁证机构都采用的是能力本位的考试方式，即考试就在工作场所进行，包括在工作场所观察学习者在自然工作状态下的工作表现；在工作场所内对学习者的工作表现有重点有选择地加以考察；在模拟的工作情境中对学习者进行能力测试、技能测试和熟练度测试等。在进行评定时，一般结合多种方法进行多次评定。因为英国的认证机构认为，只有多重、多次评定才能提供最可信的工作能力证明，才能判定一个人能否在各种变化着的工作环境中完成任务。另外，对先前学习的认可，也被广泛地运用到了认定中，这样学习者就可以避免重复的培训和考评。

（三）英国现代学徒制的特点

1. 建立在"准市场"机制上

英国的职业教育素有"自愿自助"的传统，即职业教育主要依靠企业界的自愿培训，政府则奉行"自由放任主义"的原则，对企业培训不加干预。这被称为职业教育的"市场模式"。然而，自由市场本身是存在内在缺陷的，虽然"市场符合公众利益，但并不等同于公众利益"。特别是在职业教育领域，"市场失灵"现象普遍存在，主要表现在由于对"偷猎外部性"和"搭便车"的担忧，英国企业对培训持消极态度。为此，在现代学徒制中，英国政府改变了角色，选择了一条在政府控制与市场自由运作之间的"中间道路"，即"准市场"机制。

2. 雇主占主导地位

在英国"准市场"运作机制的现代学徒制体系中，参与方主要包括政府、雇主、培训机构和学习者，但并未见到能够集中代表学习者利益的工会组织，并且，沿续传统，在其中占主导地位的仍然是雇主。这是与英国政府力图使职业教育从供给引导向需求引导转变的意图相符的。雇主在英国现代学徒制中的主导地位主要表现在以下几个方面：

（1）雇主对学徒制决策起重要作用

学习与技能委员会、行业技能开发署、行业技能委员会是英国现代学徒制的重要组织和管理机构，在这些机构中，雇主代表占很大比例，他们对与学徒制有关的决策有重要的影响作用。

（2）雇主是制定学徒制框架的核心力量

学徒制框架是由行业技能委员会起草和审批的。行业技能委员会的成员相当大一部分都是雇主代表，他们首先组织企业界人士开发出各项国家职业标准，然后根据这些标准再开发出学徒制框架中的国家职业资格要求，最后再匹配上相应的理论知识和关键技能要求，从而形成完整的学徒制框架。因此，雇主实际上主宰了学徒制培训标准的确立。

（3）雇主在具体的培训内容和方式上有较大自主权

虽然英国现代学徒制的学徒制框架规定了学徒培训三大要素（能力本位要素、知识本位要素以及关键技能要素）的具体资格要求，但并没有就具体的内容和培训方法做规定。只要保证学徒最终能够取得这些资格认证，雇主可以相当灵活地选择何时、何地，以何种方式提供什么内容的培训。

3. 学徒制体系阶梯化

与其他国家的学徒制体系相比，英国现代学徒制体系呈现出阶梯化的明显特点。也就是说，学徒制体系是分层的。目前英国广泛的学徒制体系包括五级：青年学徒制、前学徒制、学徒制、高级学徒制和高等学徒制。各级之间相互贯通，并且它的最高一级高等学徒制还可直通高等教育基础学位。这种制度设计可以达到以下三个方面的效果：

（1）满足不同层次技能培训的实际需要

经济生产所需要的技能水平实际上并不是单一层次的，作为一种人才培养方式，学徒制培训不仅适用于一些中级水平的技能培训（如 NVQ 2 级、3级），也适用于一些高水平的专业培训（如 NVQ 4 级）。事实上，诸如医生、律师、教师这样一些专业性极强的职业，其培养运用的都是类似学徒制的培训模式。英国学徒制体系的这种阶梯设计，大大扩展了学徒制的涵盖范围。

（2）在不同层次的学徒制以及学徒制与高等教育之间，建立起"直通车"

近年来，有 30％左右的学徒在完成学徒制（NVQ 2 级）培训后升入了高级学徒制（NVQ 4 级）培训，还有一些学徒（2％—4％）成功地直通高等教育。虽然这些比例还不大，但这种阶梯化的设计毕竟为学徒的继续深造提供了可能性，它满足了个体职业生涯发展的不同需要。

（3）改变人们对学徒制低层次、无前途的刻板印象

传统学徒制只培养中级技能水平的劳动者，并且参加学徒制往往意味着正规学校教育的终结。但是在英国当前的学徒制体系中，培养目标包括了一些经济和社会地位都非常高的职业，如高级会计、IT 培训师、软件开发等职业都设有高等学徒制（NVQ 4 级）项目。另外，学徒不仅在学徒制体系内部可以不断升级，甚至还可以升入到高等院校接受教育。这对于改变英国对学徒制等职业教育的鄙视态度是有益处的。

4. 培训与考评基于能力结果

英国现代学徒制培训的完成是以是否达到能力要求为标准的，并没有规定固定的学徒期长度。它的培训与考评强调的是职业能力，而非理论知识控制的培训结果，且非培训过程。具体表现在以下三个方面：

（1）强调职业能力标准

在学徒制框架的三大要素中，核心要素是能力本位要素，它的表现形式就是国家职业资格，其他两个要素都是围绕这一核心要素设计的。整个学徒制体系更是与国家职业资格体系相对应的，学徒制、高级学徒制和高等学徒制分别对应的是国家职业资格的 NVQ 2、NVQ 3、NVQ 4 三个等级。职业能力的核心地位在这一体系中得到了充分体现。

（2）对培训过程不加规范

英国现代学徒制并没有对培训过程中的各种要素进行规范，如教学内容、教学进度、教学方式、教师资质等。它只对培训的结果进行控制，即学徒制的完成是以学徒制框架中规定的各类证书的取得为依据的。但它是一把双刃剑，它在赋予了英国学徒制培训的灵活性的同时，也埋下了很大的培训质量隐患。因为不同地区、行业以及不同培训机构和企业的培训质量可能是参差不齐的。比如有调查显示，在一些工程和电子技术的学徒制项目中，学徒接受了大量脱产培训，但这些培训是为了取得大学入学所需要的 BTEC 国家证书；在另一些行业中，如护理和零售，学徒几乎没有得到脱岗培训，而是被要求在全日制工作以外的时间通过自己学习来获得相关认证。

（3）认证的考评是能力本位的

传统的书面考试并不是英国学徒制各项认证的主要考评方式。学徒制的许多考评注重的都是对能力的测试，经常就是在工作场所开展的，并且以经

常性考评取代一次性考证。认证机构认为，这样的考评方式有助于对个体是否真正具备相应职业能力做出正确的判断。

5. 体现终身学习社会的理念

为了应对技术更新加快和经济全球化的挑战，构建终身学习的社会理念近些年来成为英国政府的重要教育战略，政府连续发布了多个文件，如《学习的时代——一个新不列颠的复兴时代》(1998 年)、《学会成功》(1999 年)、《学习与技能法》(2000 年)、《技能——在商务中增强，在工作中提高》(2005 年)、《继续教育：提高技能，改善生活际遇》(2006 年) 等。英国现代学徒制也充分体现了建设终身学习社会的这一理念。这表现在以下几个方面：

(1) 培训对象不仅包括刚毕业的青年，而且鼓励就业成年人参加

英国学徒制的参加者是没有年龄上限的，而且学徒制分级，照顾了不同层次职业技能学习者的需要。实际上，在当前英国学徒制的参加者中，有相当比例的学徒是已经就业的成年人。2006、2007 年的学徒中就有 77％是已经就业者。从某种程度上说，学徒制在英国不仅是一种初级入门职业教育，更是成年人的继续职业教育。

(2) 培训与认证使用了模块策略

英国学徒制框架都要求学徒取得若干个不同的认证，而各项认证之间是相互独立的。这意味着学徒可以更换企业或培训机构。这种小步的、模块化的学习模式，使学徒的学习更加灵活，从而减少了由于过长的学习时间和固定的地点学习可能带来的学习阻碍。这样，学习者就可以在适合自己的时间、适合自己的地点，以适合自己的方式开展学习。

(3) 学徒制的认证遵循了一定的原则

对先前学习的认可也被广泛地运用到了学徒制的各种资格认定中，它意味着学徒所有相关的工作和学习经验都可以被认可，从而鼓励了学习者的学习热情，也为学习型社会的构建打造了良好的制度环境。

四、国外典型现代学徒制对我国职业教育的启示

虽然我国现代学徒制试点工作已经在逐步推行和实践，但是由于各区域的经济发展水平有所不同，职业教育理念也有所差异，现代学徒制工作仍然处于探索阶段，需要进一步学习和完善。国外典型现代学徒制模式对我国职

业教育有以下几点启示：

（1）应当积极拓宽国际视野，学习先进成功经验

根据国内外的发展情况，我们能够看出现代学徒制已成为国家人力资源开发与经济发展的重要战略，也形成了多元化的教育模式。在开展现代学徒制人才培育过程中，国外发达国家将现代学徒制融入了正规的教育体系，同时职业资格证书也能够获得国家的认可，有一定的法律保障。在政府的重视下并积极借鉴中外先进的发展经验基础上，我国可以结合实际情况进一步探索现代学徒制的多元化发展道路。

（2）构建科学完善的法律法规保障体系，夯实现代学徒制发展基础

纵观国外教育发展过程，德国与瑞士极为重视人才的过程管理与质量监控，而澳大利亚与英国则重视对人才培育结果的控制，赋予教育机构和企业较多的人才培育自主权。大部分国家采用法案、法律的形式推动现代学徒制的有效实施，例如芬兰的《学徒制培训法》、澳大利亚的《职业教育法》。现代学徒制是劳动制度与职业教育制度的有效结合，企业和学校、学生必须通过法律合同进一步明确各自责任，确保各自权利的行使，法律法规也能够为现代学徒制人才培养提供可靠的保障。当前我国的职业教育法内容较为偏重于条例，缺乏可操作性，由于尚未明确法律责任，也并未实施有效的惩罚措施，因而会严重减少现行职业教育法的执行力度。对此类情况，必须进一步构建科学完善的法律法规，进一步明确现代学徒制中，学校主办、政府主导、企业主体义务和权利的有效应用。同时要确保办学资金的来源，明确学业与就业的多元化需求，这是一项长期且紧迫的任务。

（3）有效调用多方教育资源，实现人才培育可持续发展

根据当前我国学徒制人才培养模式现状，能够发现现代学徒制人才培养模式中存在着企业积极性较低，对培养模式满意度较低等问题。所以必须有效调动行业协会与当地政府、科研机构与社会力量等众多资源，进一步加强多方的结合，形成社会大力支持、企业积极参与、行业协会标准规范的良好机制，进一步实现现代学徒制可持续发展。由于现代学徒制的重要特点是将职业教育中的教育和学生未来就业发展需求的企业行业有效结合，并且大部分国家采用企业现场教学与学校教学相结合的模式，此类工学交替的人才培养模式成为教育学界发展的重要模式。但是根据我国的工学结合以及校企合

作人才培养模式来看，由于法律制度尚未明确，又强制性规范企业参与职业教育培训的重要责任，所以企业参与职业教育人才培训的意愿低，缺乏积极性，出现高等职业院校一头热的现象，严重制约了校企合作的有效深入。要想有针对性地开展校企合作，就必须试行并逐步推行现代学徒制，紧密结合法律法规及相关政策，明确现代学徒制培训的重要地位以及学校和企业等多方的权责利，通过构建科学完善的政策激励机制，有助于确保企业经营效益最大化，同时政府加强多种措施引导，例如资金支持和优惠政策等，鼓励企业积极踊跃地参与职业教育，构建科学完善的人才培育方案。而学校和企业共同搭建人才培育平台，满足教学要求和课程设置，进一步符合现代学徒制的推行方案。

（4）因地制宜地开展育人工作，选择分类指导模式

我国现代学徒制人才培养模式实施过程必须因地制宜地进行，切实突出职业特色以及专业特点，结合企业和人才多元化需求、行业实际现状进行有效分类指导，企业也应当积极踊跃地参与，并且加强有效监督，确保人才培养方案的有效实施。通过校企协同发展进一步完成并监控整个培育过程，有助于确保并提高人才培育质量，切实发挥现代学徒制的应有作用和价值。要想确保现代学徒制人才培育模式的有效实施，需构建科学完善的管理体系。当前西方国家主要是以统一规范的教育培训体系来控制现代学徒制的教育以及培训质量。例如，澳大利亚的《培训包》、德国的《框架教学计划》等是由国家部委单位发布，并且在全国范围内统一实施的各类文件，对学徒完成培训应当掌握的知识与技能以及培训内容和方式等众多方面都进行了明确细致的要求。我国也应当有针对性地开展育人工作，构建科学完善的育人制度，可以选择分类指导模式，进一步加强专业教学标准和职业标准的有效融合，促进学历证书与职业资格证书的有效融通，有助于提高学生的学习兴趣，进一步增强职业竞争能力。

（5）建立职业资格证书制度与就业准入制度

根据上述国家的现代学徒制实施情况，我们能够看出，要想提高我国的现代学徒制人才培养质量，必须结合我国当前的发展形势，构建全国统一的职业资格证书制度，确保现代学徒制培训质量，符合世界职业教育的发展潮流。由于目前我国职教体系混乱，严重制约了职业教育的可持续发展，所以

专门机构应当制定统一且完善的职业资格证书制度，对学徒取得职业资格证书进行技能认证与评估，进一步明确学徒的职业能力标准与专业知识、技能掌握情况等。职业资格证书可由众多模块构成，职业院校也可以根据职业资格证书有针对性地开设课程，企业也可以根据现代学徒制开展有针对性的培训，确保学徒获取相应的执业资格，并且有准入就业的保障，确保持有职业资格证书的学徒能够在相关的行业中就业。

第二节　现代学徒制国内发展现状

我国现代学徒制是教育部于 2014 年提出的一种旨在深化产教融合、校企合作，进一步完善校企合作育人机制，创新技术技能人才培养模式，是通过学校、企业深度合作，教师、师傅联合传授，对学生以技能培养为主的现代人才培养模式。它有利于促进行业、企业参与职业教育人才培养全过程，实现专业设置与产业需求对接，课程内容与职业标准对接，教学过程与生产过程对接，毕业证书与职业资格证书对接，职业教育与终身学习对接，提高人才培养质量和针对性。

一、我国现代学徒制的发展历程

2010 年之前，我国还处于现代学徒制的过渡时期，即"半工半读"模式时期。

2010 年，随着《国家中长期教育改革和发展规划纲要》政策的施行，逐渐兴起校企合作制度、教育与劳动并存制度，对此，想要对现代职业教育进行改革与优化，则需构建具有中国特色的现代学徒教育制度。

2011 年 3 月，在中等职业教育改革发展专题研究会中，国内首次洽谈了现代学徒制。同年 6 月，在全国职业教育院校开展现代学徒制试点工作，10 月，召开全国范围的现代学徒制研讨会。

2012 年，国家教育部明确现代学徒制发展纲要。

2014 年 2 月 26 日，李克强总理主持召开国务院常务会议，确定了加快发展现代职业教育的任务措施，提出"开展校企联合招生、联合培养的现代学徒制试点"。《国务院关于加快发展现代职业教育的决定》,对"开展校企联合招生、联合培养的现代学徒制试点,完善支持政策,推进校企一体化育人"做出具体要求,标志着现代学徒制已经成为国家人力资源开发的重要战略。

2014 年 8 月,教育部印发《关于开展现代学徒制试点工作的意见》,制定了工作方案。同年 12 月,在河北省唐山市,对现代学徒制进行系统性规划,从而推进了现代学徒制试点工作的快速进步。

2015 年 7 月 24 日,人力资源与社会保障部办公厅、财政部办公厅联合印发了《关于开展企业新型学徒制试点工作的通知》,对以企业为主导开展的学徒制进行了安排。发改委、教育部、人社部联合国家开发银行印发的《老工业基地产业转型技术技能人才双元培育改革试点方案》,核心内容也是校企合作育人。

2015 年 8 月 5 日,教育部遴选 165 个单位作为首批现代学徒制试点单位和行业试点牵头单位。

2017 年 8 月 23 日,教育部确定第二批 203 个现代学徒制试点单位。

2018 年 8 月 1 日,教育部确定第三批 194 个现代学徒制试点单位。

2019 年 6 月,山东提出全面推进现代学徒制,健全德技并修、工学结合的校企协同育人机制和多方参与的质量评价机制,加快培育知识型、技能型、创新型高素质技术技能人才。到 2022 年,全省职业院校通过实施现代学徒制等手段,培育 10 万名左右"齐鲁工匠后备人才"。

2019 年,国务院印发《国家职业教育改革实施方案》。该方案提出促进产教融合,即总结现代学徒制和企业新型学徒制经验,坚持工学结合;推动校企全面加强深度合作,打造一批高水平实训基地。

为深入贯彻全国教育大会精神,落实《国家职业教育改革实施方案》,2019 年 5 月,教育部办公厅发布《关于全面推进现代学徒制工作的通知》,通知指出:落实立德树人根本任务,深化产教融合、校企合作,健全德技并修、工学结合的育人机制和多方参与的质量评价机制,深入推进教师、教材、教法改革,总结现代学徒制试点成功经验和典型案例,在国家重大战略和区域支柱产业等相关专业,全面推广政府引导、行业参与、社会支持、企业和职业学校双主体育人的中国特色现代学徒制。

二、我国现代学徒制试点工作内涵

（一）积极推进招生与招工一体化

招生与招工一体化是开展现代学徒制试点工作的基础。各地要积极开展"招生即招工、入校即入厂、校企联合培养"的现代学徒制试点，加强对中等和高等职业教育招生工作的统筹协调，扩大试点院校的招生自主权，推动试点院校根据合作企业需求，与合作企业共同研制招生与招工方案，扩大招生范围，改革考核方式、内容和录取办法，并将试点院校的相关招生计划纳入学校年度招生计划进行统一管理。

（二）深化工学结合的人才培养模式改革

工学结合人才培养模式改革是现代学徒制试点的核心内容。各地要选择适合开展现代学徒制培养的专业，引导职业院校与合作企业根据技术技能人才成长规律和工作岗位的实际需要，共同研制人才培养方案、开发课程和教材、设计实施教学、组织考核评价、开展教学研究等。校企应签订合作协议，职业院校承担系统的专业知识学习和技能训练，企业通过师傅带徒形式，依据培养方案进行岗位技能训练，真正实现校企一体化育人。

（三）加强专兼结合的师资队伍建设

校企共建师资队伍是现代学徒制试点工作的重要任务。现代学徒制的教学任务必须由学校教师和企业师傅共同承担，形成双导师制。各地要促进校企双方密切合作，打破现有教师编制和用工制度的束缚，探索建立教师流动编制或设立兼职教师岗位，加大学校与企业之间人员互聘共用、双向挂职锻炼、横向联合技术研发和专业建设的力度。合作企业要选拔优秀高技能人才担任师傅，明确师傅的责任和待遇，享受带徒津贴，师傅承担的教学任务应纳入考核。试点院校要将指导教师的企业实践和技术服务纳入教师考核并作为其晋升专业技术职务的重要依据。

（四）形成与现代学徒制相适应的教学管理与运行机制

科学合理的教学管理与运行机制是现代学徒制试点工作的重要保障。各地要切实推动试点院校与合作企业根据现代学徒制的特点，共同建立教学运行与质量监控体系，共同加强过程管理。指导合作企业制定专门的学徒管理办法，保证学徒基本权益；根据教学需要，合理安排学徒岗位，分配工作任务。试点院校要根据学徒培养工学交替的特点，实行弹性学制或学分制，创新和完善教学管理与运行机制，探索全日制学历教育的多种实现形式。试点院校和合作企业共同实施考核评价，将学徒岗位工作任务完成情况纳入考核范围。

三、我国现代学徒制试点面临的困境

近年来我国开展的现代学徒制试点实践，取得了不少成绩，积累了宝贵的经验。虽然工作逐渐获得一定进展，不过总体看来，还是没有实质性的突破，收效甚微，在一些重要问题上仍然需要摸索和选择，其中如何探索有中国特色的现代学徒制教育制度，是我国今后相当长时间内需要考虑的问题。

（一）国家缺乏相关政策法规与推行措施

虽然现代学徒制试点工作已经逐步获得教育部与高职院校的重视，但是就国家层面来看，在相应的政策法规与具体推行措施这两方面仍有较大的不足。

1. 相关政策法规不够规范

现代学徒制从总体上来说其概念相对宏观，主要体现在教育部门与校企合作的政策性文件上，在国家或者地方性的法律法规上，还是有不少模糊概念甚至还有没涉及的问题。比如学生作为企业的"学徒"，法律上却并未规定给以明确的福利待遇、社会地位等等，无法保障学生作为学徒的切身利益，不利于现代学徒制的实施。

2. 推行措施不够具体

不同于很多西方国家将现代学徒制作为培养高素质人才的重点培养方案，我国很多企业对参与现代学徒制的试点工作并没有足够的责任感和使命感，并不重视现代学徒制这一人才培养模式，再加上国家对企业参与现代学徒制也没有相应的奖励与约束机制，企业的热情很难高涨起来。

（二）学校管理机制与课程体系不够完善

1. 现代学徒制教学管理滞后

我国目前的高职院校已经拥有了稳定的人才培养模式，这种从传统的学校单方面教学演变到工学结合、校企合作的现代学徒制教学模式，一方面会加大学校人、财、物力各方面的支出，且很多高职院校的高层管理者还未做好相应的思想准备，高层管理者要考虑的东西比较多，他们对于现代学徒制教育模式有着自己的担忧，甚至有一种抵触情绪。现代学徒制讲究的就是将学习与工作有机结合，学校主要负责学生的理论学习，企业则是学生进行实践操作的主要基地。从学校到企业之间的切换过程相对复杂，不像以往单一的学生身份，现代学徒制包含着学生与学徒两种身份，这就要求学校兼顾到学生知识的熟稔与技能的掌握，这对于学生学业的评定，会显得更加繁杂，给学校管理增加了一定的难度。从教师方面来说，对教师的考核和管理也显得更加烦琐，毕竟现代学徒制中对学生的教学不再仅仅是教师的责任，还有企业师傅的加盟，同时，教师对于自身在现代学徒制教学模式中所起到的作用还不甚明确，且怎样在现代学徒制教学模式中运用最有效的教学方法，教师们也没有足够的认识和得到充分的培训。上述这些问题，都需要学校结合自身实际情况，建立并完善适合于现代学徒制的教学管理制度，以便促进现代学徒制教学更好地向前发展。

2. 高职院校课程体系与专业设置达不到企业的需求

随着科技的进步与发展，各种新兴产业不断涌现，而高职院校在专业设置的改进上通常比较滞后，对教学内容没有做相应的调整，难以快速适应新兴产业和技术的发展。同时，高职院校在面对现代学徒制这种特殊教育模式时，依然是套用老方法，或者是在已有的基础上做简单的增与减，"换汤不换药"，并没有从根本上达到教育改革的目的，太过死板和老套，致使课程设置无法与现代学徒制有机结合在一起，脱离了工学结合，学生便很难完成从学生到学徒身份的很好转变，最终培养出的毕业生难以满足企业的要求。

（三）企业态度过冷，参与积极性太低

近些年，"技工荒"一直是困扰着我国企业的一大难题，而现代学徒制的工学结合、校企合作是解决这一难题的有效手段。按道理，企业对于现代学徒制应该是持支持的态度，但实际上，企业的积极性并不高，究其原因，主要体现在以下几个方面：

（1）很多高职院校的办学水平与条件，以及在社会知名度上，并不符合企业的标准，无法给企业带来较大的利益，对企业没有吸引力，自然就导致企业参与的积极性较低。

（2）对企业来说，并不放心将技术要求高或者需要丰富实践经验的岗位交给实习学徒，学生被分到的岗位可能就无关紧要，这会使得学生觉得自己不受重视，直接影响了学生的工作积极性。另外，企业若是将这些要求高的岗位交给学生，学生因没有足够的实践经验，可能也无法很好地胜任，不可避免地会降低企业的生产效率和质量。

（3）学生在校期间内，企业要对"学生"投入相当大的人、财、物力；学生来企业实习时，企业还要给予学生相应的实习工资。同时现代学生的心性过于浮躁，没有良好的稳定性，三年后是否留在企业以及能否给企业带来利益还是个未知数，因此企业难以承受这种投入风险。

（4）基于目前现实的情况，一方面，政府、社会、学校都希望企业承担起为社会培养技能型人才的责任；另一方面，却不断指责与忽视企业的正当逐利行为。企业作为本质上追求利益的主体，如果在人才培养过程中（校企合作）无利（经济利益或者社会利益）可图，企业参与校企合作的热情是不高的。

（四）"学徒"身份难以得到学生、家长以及一些社会利益群体的认同

虽然现代学徒制可以有效提升学生的专业知识和技能，抑制住"技工荒"的一再增长，但是很多家长和学生对此认识不够，难以认同现代学徒制的教育模式。其原因主要体现在以下几个方面：

高职生高考分数较低，无法就读本科学校，甚至被一些主流媒体视为"落榜生"，就读高职院校也是学生和家长无可奈何的选择。学徒身份在社会上比起高职生身份还要低一等，还要将"学徒"二字与高职生合并在一起，这让家长和学生觉得颜面尽失。

家长认为送自己的孩子来学校学习，就是为了受到良好的教育，学到知识，并非毕业后去给企业当廉价劳动力。他们认为这从根本上脱离了教育的本质。一些家长和学生认识上存在着这样的误区，觉得所谓的校企合作或者工学结合，纯粹是学校和企业两方面的意愿，与学生本身没有多大的关系，学生并没有义务去执行学校和企业所决定的事情，甚至对此存有抵触情绪，致使学生学习积极性较低。

在现代学徒制教育模式中，学校通常是根据企业对应的岗位来对学生进行培养，但是学生自身却对自己的未来以及想要从事的工作都十分迷茫，再加上生活中无数未知的变数，学生很难确定自己以后是不是一定会做这份工作。若是学生毕业后并没有从事这份工作，也没继续为这个企业效力，由此产生的矛盾到时候又该如何解决还是个问题。因此，这种现代学徒制定岗式的学习和培养，对家长与学生来说局限性和顾虑都比较大。

（五）缺乏完善的保障措施

就我国目前来说，很明显，政府对于校企合作、工学结合的这种教育模式推行力度远远不够，通常是"学校热、企业冷"的状态。对于现代学徒制的试点试行工作所投入的资金也远远达不到企业用来培训学徒所支出的成本。学校的高层与教师并不愿进入企业生产车间进行实训指导，校企合作很难顺利展开。有些企业对于学生要进入企业工作也存有一定的顾虑，担心三年后学生的去留问题，所以尽量减少成本的支出，指导学生实践操作的师傅可能不会是企业的技术骨干，就算是，通常也是一个师傅指导多个学生，学生与师傅之间便难以及时有效沟通，师傅一个人也很难同时兼顾到这么多学生，直接影响到学生的学习效果。此外，高职院校的教师一般缺乏对实际项目的开发，没有足够的实践操作经验，往往是理论知识强而实际技术弱。

第五章　高职院校试行现代学徒制的内部环境与外部保障

随着我国职业教育全面推行现代学徒制，需要高度重视现代学徒制保障机制的建构，充分发挥其运行功能。目前，我国现代学徒制运行过程中，存在着管理模式封闭、育人模式单一、课程体系陈旧、教学资源匮乏等内部问题，同时也存在着政府管理职能缺位、社会公众认可缺失、行业协调沟通乏力、企业参与动力不足等外部保障问题。

第一节　现代学徒制的内部环境问题与分析

高职院校过去的办学理念、人才培养模式和用工模式十分传统。过去高职院校和企业合作的人才培养模式也基本流于形式，教育教学方式方法十分单一，人才培养方案和教学课程体系没有与行业企业和人才市场对接，师资队伍建设严重滞后，激励机制没有形成，教师参与行业企业锻炼的机会太少，实践教学能力有待提升，学校教学资源比较匮乏，得不到社会、行业、企业的认可和支持。

一、行业规范标准尚未建立

行业标准必须由行业标杆企业牵头，带领行业内的企业来完成，谁愿意牵头、哪些企业愿意参与成为难题。从实施现代学徒制试点经验来看，企业不太愿意花更多时间在生产之外的事情上，学徒能够在协助完成工作的同时提高自身技能就行，没有那么严格的标准，行业规范标准尚未建立起来。

二、缺少现代学徒制的规章制度

试点院校的招生招工制度、协同育人制度、学生管理制度、教学管理制度、质量监控制度、弹性学制制度等等慢慢形成并逐渐完善。但是企业方面还是使用实习生加临时工的身份来管理学徒，定位不明确，不愿花精力来制定针对现代学徒的管理方法和制度。比如上下班制度利用自有员工的管理方式，而薪酬却低于自有员工或临时工，甚至同一时间对不同学校的学徒要求不一致，待遇不一致，导致学徒出现心理落差，影响实践效果。

三、双导师队伍建设严重滞后

现代学徒制要求实行企业与学校"双导师"制，即企业师傅和学校教师共同指导并完成教学任务的双向育人机制。要求校企分别设立兼职教师岗位和学徒指导岗位，学校与企业之间人员互聘共用、双向挂职锻炼，打造专兼结合的双导师团队。但在试点过程中却没有明确的选拔与考核机制。呈现出企业师傅数量少、学历层次低、教学经验不足、选拔与考核激励机制不明确，教学效果不佳等诸多问题。而院校教师在担任导师时，也无统一的标准和要求。职业院校教师大多缺乏实践经验，"双师"教师基本有名无实，不能真正为学生教授实践操作知识。

四、学生管理出现新难题

现代学徒制中，学校和企业双元育人，学校注重德技双修，企业由于商业利润驱动，更多地关注企业员工的专业技能和工作业绩，缺乏学生管理和育人的经验。企业强调的是工作纪律，工作期间也购买了工伤保险，对企业员工的个人时间就不过问，同时也很少关注学生实习期间非工作时间的生活；学生在校期间管理严格有序，学校也能通过多种方式了解学生课下行踪；学生在校期间有思政课，也有辅导员就安全问题、道德问题、法律问题等等对学生进行思想教育，而企业基本上都是采取严肃的早会、例会形式，主要强调工作纪律、减少工作差错等内容。两种环境的不同，造成对学生管理的空窗期，特别是安全管理工作。在这个空窗期内，学生可能会因为环境的变化或生活琐事出现各种意外事件甚至违法行为。

五、现代学徒制的教学难落地

企业在实际管理中，没有认真落实指导带教职责，致使学生并未在顶岗实习中获得真正的知识和技能，只是在企业打杂。企业前期培训和指导做得不错，但是在后期疏于管理与培训。当人手缺乏时，学徒就得顶班，使其面临独立操作的风险，心理压力与劳动负荷的双重压力导致学徒流失。深度的课程指导开展困难，由于不同的学徒岗位各不相同，有空的时间也各不一样，很难凑齐时间上课，且学徒分布地域较广，人员分散。

第二节　现代学徒制的外部保障问题与分析

我国高职院校在试行现代学徒制过程中，存在着政府管理职能缺位、社会公众认可缺失、行业协调沟通乏力、企业参与动力不足等外部保障问题。

一、政府管理职能缺位

第一，缺乏法律保障机制。一套完整的法律法规体系和一系列国家政策都将对校企合作的双方起到限制和约束作用。我国除了《高等教育法》和《职业教育法》，其他的法律基本上是一片空白，企业不参与校企合作也不会承担任何法律责任。第二，缺乏企业激励机制。企业不参与校企合作最重要的原因就是激励政策不到位。市场经济条件下，我国企业追求的是利益最大化，企业考虑的其他因素就越来越少了。第三，缺乏经费投入机制。企业之所以不愿意参与校企合作，资金问题也是一个重要方面。德国双元制人才培养模式中所需要的经费由国家、企业、社会团体和个人共同承担，澳大利亚政府也一直想办法出台政策帮助企业来弥补校企合作所带来的经济成本问题，但是目前我国财政补贴不到位、优惠政策不明确，造成了校企合作流于形式。

二、社会公众认可缺失

我国传统的"重道轻器"的价值取向根深蒂固，重理论轻实践的思想占主流地位，这些都严重地阻碍了职业教育的发展，认为职业教育就是中国社会最低层次的教育形式，对现代学徒制的实施存在抵触情绪，导致校企合作流于形式，使现代学徒制也不能得到很好的发挥。目前，我国很多企业将学生学历作为招聘的要求，导致高职院校学生得不到社会和企业的认可与重用。

三、行业协调沟通乏力

行业组织介于政府、企业、学校之间，具有监督、服务、协调的功能和作用，目前我国行业基础十分薄弱，在衔接政府、企业、学校和社会的利益均衡问题上并不能发挥很好的整合作用。我国的行业组织大多由以前的行政、事业单位转变而来，工作机制相对老套，工作思路仍然滞后，运作方式依然守旧，职业定位不明确，服务能力和水平较低，不能满足高职教育校企合作的创新需求。

四、企业参与动力不足

受社会资源整合和现实利益驱动，签约到企业实习的学徒增加了企业的人力资源成本，而不是带来实质性的经济效益，所以企业愿意招聘一些熟练工并不愿意招聘一批学徒。企业需要向学徒提供实训场地、工作岗位、机械设备，需要挑选企业骨干对学徒进行指导，还要向学徒支付一定的劳动报酬，短时间来看，根本谈不上利润的最大化。

第三节　现代学徒制运行机制的构建

一、建立高职院校现代学徒制人才培养模式运行内部保障机制

我国高职院校现代学徒制人才培养模式在实施和运行的过程中，存在着管理模式封闭、育人模式单一、课程体系陈旧、教学资源匮乏等内部问题，因此必须建立内部保障机制。

（一）构建情境教学、知行合一的管理模式

现代学徒制的高职教育和人才培养模式是一种崭新的开放的教育模式，打破了传统的办学模式和用工模式。现代学徒制构建了情境教学、知行合一的教学管理模式，时间上实现了工学交替、半工半读，空间上实现了校内和

校外、课堂和车间的相互交替，高职教育的主体也由原来高职院校的单一主体转向了政府、社会、行业、企业、学校的共同主体，实现了校企双方共同参与、共同合作、共同设计、共同研发、共同育人、共同评价、共同担责、共同抵御风险、共同提高、互利共赢的教学管理模式，切实提升了高素质人才培养质量。同时，还构建了政府、社会、行业、企业、学校等主体相互监督、相互制约、相互影响的机制，政府决策引导，行业指导整改，校企双方具体执行，社会客观公正评价。

（二）构建多元主体、工学交替的育人模式

过去高职院校和企业合作的人才培养模式基本流于形式，现代学徒制要求高职院校和企业必须全程参与人才培养。现代学徒制多元主体的利益共同体需要充分发挥现代学徒制的优势和潜力。企业要体现育人的主体地位，要明确自身的权利、责任、义务，必须参与高职院校招生，必须积极参与现代学徒制的建设。高职院校、企业、学生必须签订三方协议书，明确各自在人才培养过程中的权利、责任和义务，加强学生的励志成才教育和诚信教育、感恩教育等。

（三）构建校企合作、工学结合的课程体系

现代学徒制的教育教学是开放式的，内容涵盖面广，教学形式多种多样，理论知识学习和实践技能训练齐头并进，这就要求各方教学主体重新构建和设计课程体系和教学内容。现代学徒制的课程体系要整合职业资格和学历教育等相关要求，要提炼实习岗位、就业岗位的工作典型过程、典型任务、典型做法、典型事例、典型人物，形成符合学生成长规律的课程体系结构。校企合作共同开发、整合这些课程和教学资源，既能提升学徒的实际动手能力，又能增进高职院校教师、企业管理人员及学徒之间的了解和友谊，最终实现高职院校、企业、学生三方共赢。

（四）构建结构互补、专兼结合的教学团队

现代学徒制的运行要求高职院校教师和企业师傅共同对学徒授课，构建一支结构互补、专兼结合的"双导师"型教学团队，实现理论知识课程和实践锻炼课程的相互交替，真正实现理技结合、理实一体化的现代教学模式，保障现代学徒制的正常运行和人才培养质量的提高。高职院校应当选派专任教师进入企业进行顶岗锻炼和社会实践，着力提升他们的教学实践的能力。

企业也应该有计划、有组织地对师傅和岗位能手进行职业教育理念的灌输、基础理论知识的强化、教育教学方法的更新。现代学徒制人才培养模式通过专兼结合的教学团队成员之间的相互帮扶，能够提升人才培养质量和管理水平。

二、优化高职院校现代学徒制人才培养模式运行外部保障机制

（一）从建章立制和资金保障方面寻求政府支持

1. 出台相关法律法规和一系列扶持性政策

德国的《职业教育法》《青年劳动保护法》《企业基本章程法》《劳动促进法》《实训教师资格条例》等奠定了双元制在德国职业教育中的重要地位，保障了校企之间的成功合作，驱动着企业更好地履行在职业教育中的责任和义务。借鉴德国的经验，要加快推动政府出台现代学徒制的扶持性政策，通过出台相关法律法规条例、一系列扶持性政策和国家标准来保障现代学徒制有效规范运行，确保高职院校现代学徒制人才培养模式运行有法可依。

2. 加大对高职教育和高职院校的资金投入

政府应该加大资金投入来重点支持高职院校现代学徒制人才培养，以满足社会对专业人才的需求。第一，加大对职业教育的政策倾斜力度。国家必须拿出专门的资金用于职业教育的实习实训基地建设，在税收方面给予企业优惠或扶持政策，对现代学徒制运行效果显著的企业进行财政补贴或奖励，重点支持那些国家骨干或国家示范高职院校的建设，为高职院校添置一些先进的教学设备。第二，建立现代学徒制校企合作专项基金。各级地方政府要建立职业教育专项基金制度和专门教育税制度，政府要出台政策使高职院校专项资金用于校企合作办学，凸显高职教育的地位和作用。第三，各单位各部门要建立职业教育基金，用于继续教育和技能培训费用支出。大多数企业在获得政府科研项目经费支持后会提高参与社会办学的积极性，逐步形成比较完备的现代职业教育体系。

（二）从文化传承和社会舆论方面赢得社会认可

1. 继承和发扬中国传统学徒制文化

中国古代传统的学徒制文化历史悠久，是集素质教育和技能提升于一体的全方位人才培养方式。师傅向学徒传授为人处世的道理和安身立命的技能，

学徒在理论中学习、在实践中探索，领悟了做人的真谛和技能的奥妙，并不断地用实际行动践行着"知识改变命运、技能成就未来"的真理。中国古代传统的学徒制文化精髓值得任何高职院校和现代企业学习和借鉴，它应该作为现代社会的一种文化符号、一种教育理念被社会公众所接纳、继承和发扬。

2. 营造利于现代学徒制发展的社会舆论氛围

我国高职院校现代学徒制人才培养模式试点有所成效，但还是没有被社会广泛认同，这就需要营造社会氛围来发展现代学徒制。第一，扩大社会影响力。通过网络新媒体对现代学徒制进行广泛宣传和推广。第二，建立长效激励机制。在高职院校和企业对现代学徒制进行年终绩效考核，对取得的重大创新成果进行物质和精神奖励，充分调动高校、企业和培训机构的积极性。第三，加强国际交流与合作。通过校企合作、产教融合、中外联合办学等途径彰显现代学徒制的特色，提高现代学徒制的生存能力和扩大其可持续发展空间。第四，倡导职业教育终身化。打造职业精神和职业技能相结合的高职人才培养模式，注重高职学生的思想道德和人文素质教育，强化职业技能培养，树立终身学习理念，赢得全社会广泛的认可。

（三）从沟通交流和机制创新方面加强行业协调

1. 建立行业组织沟通交流协调机制

借鉴德国双元制模式的成功经验，我国政府、社会、行业、企业、学校在现代学徒制运行过程中扮演着不同的角色，它们各自发挥着各自的作用，它们之间进行着利益的均衡和整合，最后从学校人才培养方案、教学大纲、教学计划、课程设置、学业成绩评定、技能水平考核、实习安排、毕业论文、毕业答辩等环节制定一套符合现代学徒制人才培养模式的实施方案。

2. 加强行业资质管理和协同机制创新

现代学徒制搭建了校企合作平台，保证校企之间的合作有序进行，促进区域经济一体化发展。行业协会引领职业教育的发展，形成了职业资格体系并进行认定和管理。完善国家职业资格制度是发展高职教育的关键，需要我国政府和社会广泛关注和介入。行业内部将行业标准、市场需求与国家职业资格证书联系起来，将专业教学和课程设置融入其中。政府在制定相关的职业资格认证制度时要充分考虑职业能力和岗位标准，成立由政府职能部门和行业协会组建的国家职业资格鉴定审核机构。

（四）从转变思路和企业文化方面完善企业制度

1. 企业主动拓展现代学徒制人才培养思路

通过财政资助、政府购买等奖励措施，引导企业和职业院校积极开展现代学徒制试点。企业参与高职院校人才培养的目的很明确，也意识到实施现代学徒制可以更好地促进学校和企业双方的生存与发展。企业与高职院校建立双向互动、互惠互利的长效合作机制，借力高职院校培养的高素质技术技能型人才储备，着眼企业自身的长远发展。通过税收减免以及现金补贴的方式，促进企业和学校之间合作，企业不用承担学生的实习实训和技能培训费用，可以节约大量的人力资源和劳动力成本。企业已经意识到高职院校的学生既不同于普通高等教育本科生，也不同于中等职业学校的中职生，高职院校学生既接受了普通高等教育理论知识学习，又掌握了一定的实际操作技能，既提升了自身综合素质和能力，又能服务社会和奉献社会。

2. 形成和打造现代优秀企业文化和企业精神

现代企业教育制度从教育理论、管理理念、办学思路、培养模式出发，与企业的劳动人事和工资福利制度密切结合，进一步提高产品竞争力和市场竞争力，有效激发企业参与现代学徒制的内驱动力。校企深度合作成立校企合作理事会，增强企业参与职业教育的主动性和积极性，根据人才培养方案共同制定教学培训计划，让学生尽快熟悉企业文化和企业制度，让学生尽早尽快适应社会、适应职业、适应岗位。校企双方建立稳定的长期的校企合作关系，为社会、企业、学校和学生的长远发展奠定良好基础。

第六章　高职院校试行现代学徒制的学习工场构建

工场学习是学生在参与真实任务的环境中获得知识与技能的学习方式，它不仅具有职业教育的价值，也可以成为职业生涯教育的组成部分，它能够帮助学生了解工作需要的真实技能，促进他们的社会化进程和心理发展。工场学习体系的构建是现代学徒制试行的重要组成部分，它是学生在真实的工场环境下完成的在岗培训。工场学习能够帮助学生了解工作所需要的真实技能，促进他们的独立思考、主动参与、沟通、反思、建构、担当等职业核心能力发展。工场学习的学习形式不同于传统的职业教育学习或培训方式，它将学习与工作角色联系起来，特别强调学生综合职业能力和职业素养的养成。所谓学习工场，即学生在参与真实工作任务的环境中获得知识与技能的地方。解决学习工场存在的问题，是现代学徒制需要不断地探讨、研究、完善的问题。

第一节　工场学习体系的驱动系统

学习工场的运行机制是工场学习体系的驱动系统。构建这一驱动系统必须依托互惠共赢的校企共担人才培养机制、市场导向的校企合作利益驱动机制和校企联通双师培养工作机制的建立，构建校企共同参与的管理机构，形成"校企联动、合作育人、协作生产、共同研发"的运行机制，实现"教学、生产、培训、职业技能鉴定和技术服务一体化"，做到"以训促教、以厂养训"，实现校企互利互惠，资源共享，深化校企双方合作关系。

一、建立学习工场的共担人才培养机制

一是制定校企合作学习工场的管理办法，进一步明确行业企业及学校的责任、权利、利益关系。学校通过采取成立专门机构、设定专职人员、引进先进信息技术等方式，搭建校企合作一站式服务平台，以实现双方共建共享实训基地、校企人才资源库、优质教学资源及共同开展技术研发、服务和推广的目标。

二是制定校企合作管理办法，通过校企合作项目立项的方式进一步明确校企合作项目的目标任务、合作条件、执行机构、效益评价等。学校对确实能满足育人需求，运作良好的校企合作项目，采取租金让利、设备投入等方式提高企业参与办学的积极性。

三是完善校内外学习工场的建设管理制度，规定校内外学习工场的主要任务、建设原则及建设条件、共建单位的权利和义务、组织与管理等，开展对校内外学习工场的分类管理和绩效评价。成立基地院校与合作企业共同组成的管理机构，共同负责基地的建设与管理。将企业先进的管理理念、管理方法与职业文化引入基地，建立科学合理的管理模式和运行机制。

四是制定有关校企合作仪器设备的管理办法，多渠道、多形式筹措资金，以"校中厂""厂中校"建设为重点，引进、共享企业生产设备、技术人员、技术标准和管理规范，以实现"校内基地生产化、校外基地教学化"的目标。

二、建立市场导向的校企合作利益驱动机制

企业以追求利益为目标，教育以培养人才为根本，势必导致任何形式下的校企合作都会存在一定的矛盾。利益是校企双方构建生产性实训基地的内在驱动力，而利益分配则是校企"双主体"生产性实训基地建设和发展的关键问题，核心是实现多方共赢的局面。校企双方应找到利益共同点，在自愿基础上建立起不断扩大合作利益的驱动机制。

一是设立产学研合作贡献奖励基金，加大用于合作企业项目研发资金的支持力度。一方面用于鼓励系部与企业共建生产性实训基地，并挂牌运行；另一方面用于奖励在生产性实训基地做出突出贡献的师生和企业员工，以建立起多元化的评价体系，引导广大教师积极投身校企间的产学研合作。

二是建立企业实训基地专兼职教师津贴制度，凡受聘于基地的专兼职教师，均可根据津贴发放的基本条件、额度标准及育人工作量的完成情况，享受学校的基本工作量津贴。同时，学校还可以开展"星级"教师评定活动，"星级"教师除享受学校的基本津贴外，还可享受学校的奖励津贴。

三是通过建设校企合作一站式服务平台和设立学生服务企业技革技改专项基金等，搭建师生服务企业生产、经营、服务的桥梁，使校企成为真正的利益共同体。

三、建立校企相互联通的双师培养工作机制

一是完善"双师型"师资队伍建设制度。通过修订学校"教师双师素质认定办法""专业带头人聘用管理办法""骨干教师聘用管理办法""教师企业实践管理规定"等相关管理制度，为专兼职教师教学能力的提升提供制度保障。

二是制定校企人员互聘、岗位轮换管理制度，通过推行专业带头人"兼职企业顾问"制、骨干教师"企业挂职锻炼"制、专业教师"顶岗实践"制和建立企业教师工作站以及校企合作项目负责人制，建立起适合高职教育理念的教师实践制度。同时，积极推进兼职教师的选拔和聘用，以打造专兼职双师教学团队。

四、建立课证融合的工场学习教学体系

（一）工场学习的教学体系设计

按照"生产导向、能力为本、校企互动"的原则，科学构建实习实训与培训体系，实训内容体现系统性、典型性和递进性。根据职业岗位能力要求，在企业专家指导下，制定覆盖本专业主要技能和职业素养要求的模块化实习实训与培训实施方案，明确各模块的教学目标、教学计划、教学环节和教学方法，形成分模块的训练与考核标准；根据职业技能形成的内在规律，科学划分实习实训阶段（单元），制定不同阶段（单元）实习实训教学计划，形成整体方案与阶段（单元）计划有机结合，阶段（单元）计划又相对独立的实习实训体系，适应不同层次、不同阶段、不同就业需求的实训需要，提高实习实训的针对性和实效性。

（二）数字化工场学习的教学资源

开发职业资格标准、实训教材、实训项目、考核评价标准和题库等资源，形成完善的实践教学标准；开发专业教学软件、仿真实训软件，建立网络化实习实训教学平台；教学资源向社会开放，能被职业院校师生、企业和社会学习者广泛应用，实现校校、校企共享，初步实现在线教学与辅导答疑。

（三）工场学习的教学实施

以分组教学、现场教学、案例教学和项目教学为主要手段，实施以真实产（作）品为载体的实习实训和培训，全程实现"做中教、做中学"；对实习实训过程和结果进行考核，综合评定学生的实习实训成绩；国家或行业设有职业资格鉴定的专业，毕业生获得中级（中职要求为初级）及以上职业资格证书或行业企业认证证书的比例达到 100%。

第二节　工场学习体系的主导系统

实现工场式教学的前提是学生需要在参与真实工作的环境下，建构自己的理解，通过寻求工具来帮助自己获得经验。创建与学生就业相关的实训环境是使学生养成良好的职业习惯和素养的必要条件。在现代学徒制人才培养中，具备真实的工作环境条件是有理实一体化教学场地、校内生产性实训基地和校外生产性实训基地。导师可以根据企业的真实工作任务，设计教学活动，让学生参与到真实的工作任务之中，从中获取知识与技能。

产教融合生产性实训基地是学校和企业人员、文化、管理、技术等创新要素融合发展的平台载体，是促进创新人才培养和创新科学研究的流程再造、机制融合，打造城市节点互联互通的关键枢纽，是行业支点辐射引领的重要载体，是企业重点创新要素供给的核心场所。通过共建共享机制和开放平台建设，最终能够形成覆盖国家全产业链、引领行业标准、培育创新人才的国家骨干架构网。

一、理实一体化教室建设

理实一体化专业教室的建设，既要考虑到企业对技能型人才的需求，又要考虑到学徒可持续发展能力的培养。

（一）设计理念

理实一体化教学是现代学徒制职业教育的一种新兴的教学方法，借助学徒制的理实一体化专业教室，以技能服务企业为宗旨、以提高就业为导向、以职业能力为本位，实现教室和工作岗位的有机结合，使学徒在导师的指导下，根据导师设定的教学任务和项目规划，以小组为单位，有计划、有条理、有步骤地完成学习任务，实现在"做中学"，在"学中做"。在整个教学环节中，没有固定的先理后实或者先实后理的要求，而是根据具体情况具体分析，将理论与实践融为一体，充分调动学徒的学习积极性，提高学徒的动手能力和专业技能。

（二）建设方案

1. 师资队伍建设

师资队伍建设是一体化专业教室建设的重要内容。理实一体化教学模式模糊了传统教学过程中理论教师与实训实验员的明确界限，要求教师成为既具备深厚的理论基础，又有很强的实践操作能力和创新能力的"双师型"专业导师。

建设理实一体化专业教室，必须建立一支具有良好职称、学历、双师素质的，以学科带头人为牵引的，以教研相长的骨干教师为主体的教员团队，坚持"引进来"与"走出去"相结合。

2. 基础设施建设

基础设施建设是一体化专业教室建设的根本所在，是确保一体化教学顺利进行的基础。基础设施既包括在教学过程中要用到的多功能桌椅、专业电脑、投影仪等设备，也包括教学过程中涉及的实体装备以及虚拟仿真设备。对于不具备实体教学条件的环节，要尽可能地采用虚拟仿真，便于教师规范演示和学徒跟进练习，并通过模拟故障的方法，使学徒在学习过程中发现问题、思考和解决问题，对所学知识能够做到灵活运用，并对将来从事的工作产生浓厚的兴趣。

（三）理实一体化专业教室管理

1. 理实一体化专业教室信息管理系统

理实一体化专业教室信息管理系统是实现管理科学化、信息化、系统化的有效途径，只有建立和完善信息管理系统，才能最大化地发挥理实一体化专业教室的功能，提高仪器设备的利用率，提高学徒的学习效率。

理实一体化专业教室信息管理系统包括四个方面，分别是实训项目课程管理系统、实训设备信息管理系统、使用人员登记管理系统和专业资料查询系统。导师通过实训项目课程管理系统对所学的课程及项目进行系统化整理，确保线上线下同步教学，以便于学徒随时学习。实训设备信息管理系统则是对教室内所有的装备和仪器设备进行统计和管理，尤其是对于新进设备和淘汰设备进行备案，确保无一缺漏。不论在课上还是课下，所有进入教室的人员都要使用人员登记管理系统进行登记，尤其是仪器设备的型号和耗材登记，确保责任到人。专业资料查询系统包括装备相关理论知识电子书籍、论文、教案、课件及相关参考资料等，便于师生随时下载，实现资源共享。

2. 完善制度管理

（1）日常安全管理

为了理实一体化专业教室的正常、高效运转，必须建立健全科学规范的教室安全规章制度，制定安全操作规程和装备安全使用注意事项等，强化工作人员的职责，落实责任。严格要求导师和学徒如实填写教室使用情况，并及时汇报使用过程中出现的设备问题，定期派专人对专业教室仪器设备进行检修，以保障正常的教学秩序。此外，根据理实一体化专业教室特点，制定和完善教室开放管理制度，便于学徒在业余时间进入专业教室学习。

（2）课题项目管理

课题项目是开展理实一体化教学的重要依托，课题项目管理工作也是专业教室管理工作之一。建设理实一体化专业教室，不仅要建设一支强有力的师资队伍，还要鼓励导师走向企业，结合企业实际情况，从中发现问题、提出问题，大胆开展横向课题研究，并利用横向课题研究资金对专业教室实训设备进行扩充。通过发展横向课题项目，稳步提高导师服务企业的能力。建立和完善课题项目申报与管理制度，既鼓励导师积极申报课题项目，又对课题项目进行严格把关，提高课题的质量。

二、校内生产性实训基地

（一）学校主导模式

这种模式即以学校为主组织生产和实训管理的一种模式，主要是以利用学校设备和技术优势，运用市场机制进行运行，即在生产产品、经营业务或技术研发的同时，完成对在校学生的实训任务。其主要类型有以下三种：

1. 学校自主建设型

学校自己投入场地、设备，建设具有生产（经营）性的校内实训基地，构建真实的生产经营的职场环境，比如永州职业技术学院生态养殖实训基地等模式。

2. "筑巢引凤"型

通过"引企入校"，校企共建"校中厂"模式建设生产性实习实训基地，学校投入先进的生产性设备，主动引进企业，由企业提供相关原材料和技术人员，组织学生开展生产和实训。这样在生产产品的同时，又能达到实训的目的，实现"学做合一"，比如温州职业技术学院的中国鞋都（康泰）产学中心、滨州职业学院的海得曲轴有限公司教育分厂等。

3. 来料加工型

学校利用现有设备，主动承接企业的产品加工业务，学生在实训教师的指导下完成生产和实训任务，比如广东松山职业技术学院的数控加工实训基地。

（二）企业主导模式

即以企业为主组织生产和实训的一种模式。在校企合作过程中，以行业企业为主组织生产和学生实训，这是校企合作的主要形式。其主要类型有如下两种：

1. 订单培养型

行业企业主动到高职院校开设"订单班"，校企双方签订人才培养订单协议，企业参与学校的教学过程。由学校负责理论教学，并提供场地和管理，行业企业提供设备，并选派技术人员到学校组织生产和实训，学生在校期间就是企业的准员工。

2. 赠送赞助型

企业无偿赞助或以半赠送的形式向学校提供企业生产或营销的仪器、设备等，以企业投入为主建设校内生产性实训基地，推广和宣传企业的产品，支持学校办学，比如天津中德职业技术学院的中西机床技术培训中心等。

三、校外生产性实训基地

校外生产性实训基地是指企业与学校共同建立的学徒在岗培训、教师挂职锻炼及从事科研活动的场所，是实现现代学徒制人才培养目标的主要场所。学校借助企业生产条件让学生感受到真实的工作环境，培养和锻炼学生的实践技能，提高学生的综合素质。

（一）校企共议，创新双方共赢的利益分配机制

校企共建校外生产性实训基地的内在动力是校企双方利益都得到较好的满足，而以校企"双主体"为主要特征的生产性实训基地建设和运行能否持续健康开展，决定性因素也是如何进行利益分配，如何创新有效的利益驱动机制，将校企的利益紧密联系在一起，只有双方利益都得到满足，才能维系校外生产性实训基地稳定、健康地发展。江苏农牧科技职业学院与畜牧生产企业在校外生产性实训基地建设过程中，从以下几个方面探索了合作双方利益分配机制：一是树立正确的利益价值观，杜绝投机心理。学校不能只为了迎合教育主管部门的政策要求和获得项目支持而建立实训基地，也不能只是简单地把更多学生送入企业实训实习为最终目标，不注重学生在企业的生活、学习，不考虑是否给企业生产带来不便或困难，是否会增加企业的生产运营成本。学校应充分考虑到企业管理者和实际操作者的利益，制定相应的制度，将一部分培养经费通过聘请企业管理人员和企业带教师傅为外聘教师，以课时经费的形式返还给企业，促进企业管理人员和带教师傅的工作积极性。另外，学生在校学习期间，学校可以在体育艺术竞赛、专业技能竞赛、社会实践中增设合作企业主要情况展示，提高学生对企业的熟悉和认可。学校在对外交流时应加大对企业的宣传，提高企业的社会影响力。学校在毕业生就业推荐会上重点推荐合作企业，为企业推荐更多优秀人才，与企业合作，定向培养后备人才，解决企业人才需要。学校教师为企业发展提供技术咨询，与企业合作开展科研项目攻关，解决企业生产中遇到的技术难题和技术革新问

题。学校为合作企业提供人员岗前培训、在职学习和继续教育等便利。二是企业不能只以营利为目的，忽视基地的教育功能。企业不能把培养学生当成负担，而应将培养学生作为企业发展及产业发展的后备人才储备的重要途径，将培养学生作为企业承担的社会责任，积极主动承担学生技术技能培训及综合能力培养；企业通过给学生提供实训实习岗位，让学生体验真实的工作环境；安排技术过硬的技工担任兼职导师，确保利用实训基地最先进的设施和最优秀的师资来培养学生。

（二）校企共管，创新基地运营体制与机制

校外生产性实训基地是以企业生产基地为基础的，在政府相关政策的指导下，高校和企业协商共同管理和运营，基地的管理运营存在很多难题。如畜牧兽医专业合作的企业因生产畜禽种类不同而存在各自的管理特点。永州职业技术学院畜牧兽医专业在与省内大型畜牧企业积极开展校外生产性实训基地建设中，重视管理和运营体制的建设，在已有的管理体制基础上，借鉴其他专业校外实训基地建设和运行的经验，依据不同养殖企业的特点，形成以下几个方面的创新管理运营机制：一是组建联系校企双方的组织机构，构建能实施的运营机制。学校和企业共同协商成立校外生产性实训基地管理办公室，办公室管理人员由高校负责教学的领导和实训管理人员以及企业负责生产的领导及生产一线主管组成，由基地管理办公室负责基地的建设和协调解决运行中出现的各种问题。二是建立完善的学生实训实习管理制度，通过制定学生实训日常管理制度、实训成绩评定办法、学生实训安全管理制度、实训指导教师考核制度等系列制度，保障实训基地正常运转。三是校企双方通过多渠道筹集资金，设立基地建设的专项资金，支持基地的日常建设和可持续发展。学校从教学经费和专门的实训基地建设项目中划拨出部分资金用于基地建设和运行，企业承担学生学习生活设施、管理人员等相关费用。

（三）校企共定，创新校外生产性实训基地教学新模式

在使用校外生产性实训基地进行人才培养的过程中积极探索校企联合培养人才的新模式，制定并完善实训基地教学方案，不断提升人才培养的质量。在人才培养标准上，学校要按照专业技术技能教学的特点及企业对学生的岗位要求制定培养标准，使培养的学生毕业后能尽快适应自己的岗位；在人才培养方案制定过程中，校企双方共同确定人才培养目标、共同建设课程体系、共同设计教学内容，组织教师与企业生产一线技术人员共同编写贴近生产实际、适应生产流程的实训教学教材及指导书，并根据实际的教学效果和学生的反馈及时更新和完善教学内容。

（四）校企互补，创新校企双方各自优势资源的共享机制

高职院校的主要社会功能是培养高质量人才，企业的社会功能是合理使用优秀人才来促进企业发展，生产出优质的产品满足市场需求，同时使企业获得较高的经济效益。因此优秀的高技能人才成为校企合作的桥梁和纽带。学校在培养人才的过程中，希望学生能及时接触到企业的新产品、新设备、新工艺、新技术，从而提高人才培养的质量，使培养的人才满足行业企业的需要。而企业在生产经营活动中，也希望获得学校的技术支持、技术改进和创新、新技术培训、技术难题攻克等。学校有企业需要的专业技术研发能力、技术培训条件、潜在的优秀员工，有最前沿的科技成果；企业则有学校培养学生所需要的真实的职场氛围、生产设备设施，还有技术娴熟、经验丰富的技术指导教师。通过校企合作，学校和企业能充分发挥各自的资源优势，实现学校培养高素质人才、企业获得好的经济效益的目的。建设校外生产性实训基地的过程中，学校与企业要共同商讨，建立机制，成立基地管理办公室。通过基地管理办公室，校企双方共同探讨协商处理基地运行中遇到的问题，共同探索"校企双主体"育人的人才培养模式及基地管理运行机制，努力实现教学与生产协调统一，最大程度地实现"双主体"间的育人资源共享，共同推动和促进实训基地持续高效运转。例如畜牧兽医专业在与企业的合作中，学校专业教师和企业生产一线技术人员、能工巧匠共同组建双师教学团队，学院教师和企业师傅共同实施校内的课程教学和校外生产性技能的实践，实现人才培养的目标。

第三节　工场学习体系的支持系统

近年来，针对我国产教融合 1.0 时代存在的一些突出问题，在职业教育领域有人提出了在过去产教融合基础之上，去除弊端，结合新的信息技术，新的教育理念，提出构建"智慧学习工场"，开启产教深度融合 2.0 模式。产教深度融合 2.0 模式的提出是基于"智慧学习工场"教育理念，运用互联网技术搭建产教跨界互联的生态系统，为高校提供深度专业服务。智慧学习工场，作为产教融合的新载体、科教融合的新设计、未来教育的新探索，推动产教融合向着试点更广泛、要素更聚集、模式更灵巧、载体更丰富、内涵更兼蓄、创新更协同的方向演化升级。

一、"智慧学习工场"设计原则

（一）直击痛点，高维设计

围绕学习者成长动力与流程、人才培养机制、学校内部建设、学校与外部协同等多处痛点，以需求导向明确、应用场景广泛、产业支撑强劲的实验项目为切入口，打造现场和虚拟教育的融合平台，人工智能、大数据和区块链结合的基础平台，使校园和教育教学的时空维度得到拓展，教育扩展到家庭、工厂、社群、产业等更广阔的社会自然环境中，在更高的学习时空维度，对学校、企业和园区进行优化提升，由点及面，有序推动智慧学习工场的逐步集成与建设。

（二）多元融合，构筑生态

来源于近年来我们对产教融合、科教融合理论和实践的深刻总结，智慧学习工场以多元融合机制，打破时空壁垒，搭建人才培养、科学研究、技术集成、产业支持、转化应用、文化传承与创新和社区服务的综合性开放融合生态，为教育新形态演化无尽的可能性。

（三）数字智能，重构底层

智慧学习工场广泛集成 5G、大数据、AI、VR&AR、区块链等技术成果，建成了能够感知环境、识别情境、记录行为、联结社群的教育环境，具有因需而智、集成为核、广泛连接、互联共享等诸多重要属性。通过构建数字化、智能化底层平台，智慧学习工场为学习者进行自主学习、多元化学习提供条件，驱动灵活学习的全新境界，探索适应智能社会的教育形态。

（四）多点突破，创新机制

智慧学习工场通过科学的宏观指导机制、精准的激励机制、专业的服务机制、适当的咨询机制和完善的保障机制等进行机制创新。新的机制将贯穿院校、科研机构、企业和园区的智慧学习工场建设全流程，促进教育链、人才链与产业链、创新链有机衔接。

（五）世界前沿，国际对接

智慧学习工场还将利用国际合作项目和平台，汇聚全球创新要素，促进教育变革，通过吸收、改造和转化全球优势教育资源、人才培养模式、教学内容、教学方法和管理经验，在智慧学习工场中打造具有全球竞争力、全球领导力、全球一流水准的教育生态。

二、"智慧学习工场"倡导"一课双师"嵌入式授课机制

随着知识、技术更新步伐的加快，大多数在校教师知识技能的更新落后于企业对人才培养的需求，尤其是一些"新一代信息技术"（ICT）专业群，其发展速度之快，专业技能更新之快，让高职院校教师更是望洋兴叹。产教深度融合 2.0 模式提出，企业在与学校的合作中输出合作企业工程师团队，采用"一课双师"嵌入式授课机制，协助学校培养一支具备行业技术水平的师资队伍。混编师资实现价值、文化、技术的融合发展，派驻的企业工程师团队常驻学校，深度参与教学过程，承担专业实践课程、职业素质及双创课程。高校教师也将辅导员、职业素质教师、就业指导教师工作等三项工作合为一项工作，他们被重新定义为职业素质导师。

三、MIMPS 教学模式核心思想

"智慧学习工场"倡导采用 MIMPS 教学模式。其核心思想是：以模块化（Modularization）的内容为构架，以分层交织（Interlacement）的内容组织形式为基础，在教学过程中，以任务为驱动力（Mission-driven），围绕研究型实训（Practical-research）的核心，辅以自我评价（Selfevaluation）的助推力，最终实现提升学生技能水平、培养职业素养的目的。在该教学模式当中，教学内容以典型项目为载体，构建模块化课程架构；整合分层交织的课程内容，尊重学习者学习的基本规律，知识模块由简到难，学习方式上实践与理论交织在一起；通过任务驱动的教学设计，培养学生自主学习习惯，激发学生学习热情，在此过程中同步培养学生职业素养及双创能力；充分给予学生实践创新的时间，依托创新基地实践功能，通过学习小组探讨，教师引导学生成为学习的主导，主动思考问题，最终解决问题；将评价渗透到每个

课程、每个任务中，跟踪学生的学习情况，及时反映学生的学习状况，帮助学生和教师正确把握努力的方向。

四、MIMPS 教学模式突出优点

（一）提高了学习者的学习积极性

MIMPS 教学模式具有"职业化"学习氛围，学习者处于"工作岗位"，有很强的学习动力，提高了学习积极性。以实际的企业实践项目为教学内容载体，学习者在实践中进行学习，学习的内容为最前沿的知识，学习者不再对学习产生迷茫，能够积极主动地进行学习。

（二）培养学生分析解决问题的能力

MIMPS 教学模式强调以具体任务为驱动，模拟了真实的需要解决实际问题的任务，学习者需要用自己的知识技能，去对面临的问题进行分析、诊断、决策。学习者被要求发挥主观能动作用，调动创造性思维，并且在解决问题的过程中，从同伴身上或其他融入到学习情景中的人员身上，学习到解决问题的思路、方法。

（三）培养学生团队协作能力

MIMPS 教学模式在项目完成过程中强调分组的重要性。若小组协作紧密，群策群力，则该小组完成任务就出色。因此，学习者在学习的过程中学会了听取别人的意见，发表自己的见解，努力配合同伴的工作。在这样的学习关系中，学习者会学会尊重他人，尊重不同的观点，学会相互激励，相互欣赏，从而提高了学习者的团队协作能力。

第七章　高职院校试行现代学徒制的课程体系构建

课程体系是实现人才培养目标的载体，是保障和提高教育质量的关键条件。构建符合现代学徒制教学的课程体系是指基于现代学徒制的教育教学理念，重新定位和更新专业课程理念、课程目标、课程结构、课程内容、教材建设、考核体系等课程活动方式，将课程的各个构成要素在现代学徒制的教育模式下加以序化，它也是实现现代学徒制模式人才培养目标的保证。

第一节　现代学徒制课程体系构建要求与特点

一、现代学徒制课程体系构建的原则

（一）学校课程与企业课程兼顾开发原则

相当一部分高等院校从行业剥离，归属地方管理后，高等职业教育与行业企业的关系渐行渐远，本应由企业承担或者应在企业完成的人才培养环节都放在了校内实施，最终演变成了校内课程完全取代了企业课程。从目前的职业教育方向来看，这是与现代职业教育理念背道而驰的。

现代学徒制课程体系强调学校课程与企业课程的同等重要性，应尽可能使两者进行贯通融合或有效衔接。在具体实施过程中由校内教师、企业技术能手一道来研究和开发校内外课程，使学校课程和企业课程更具针对性，学校课程主要培养学生的专业理论素质，而企业课程注重于对学生的动手实践能力的培养。

在目前的职业教育中，职业院校的学校课程开发得已相对成熟，而企业课程的开发则相对缓慢，符合现代学徒制高等教育理念的企业课程应该突出高职教育"高等性"和"职业性"的特点，既要贯彻高等教育育人的层次和水平，又要考虑企业岗位的实际要求，因此现代学徒制课程体系中的企业课程应充分考虑技能培养的职业化、开放性和实践性，根据学生在企业培养期间的具体特点，建立基于项目过程的开放性课堂，构建学校课程和企业课程充分融合的课程体系。

（二）融通国家职业资格标准的开发原则

现代学徒制课程体系的开发要秉承学历证书教育与职业资格证书技能鉴定相互融通的原则，双证融通是指学生技术技能水平要达到学历教育标准和职业资格技能鉴定标准的双重要求，学生在完成人才培养过程后取得学历证书，同时获得职业资格证书。

在构建现代学徒制课程体系时，积极探索校内理论课程教学标准和企业岗位职业技能标准的对接和融通，理论课程的评价考核方式和职业技能鉴定方式的相互对接和融通，从而实现学历教育与职业资格培训的贯通衔接，最终目的是使学生在完成学历教育的同时也达到职业岗位的资格要求。

学历教育人才培养目标与职业岗位资格培训目标的统一，其实与现代学徒制的育人目标是不谋而合的，现代学徒制提倡学徒在校期间既要掌握理论知识，又要培养企业岗位所需的专业技能和业务素质，所以我们在课程体系开发时秉承融通国家职业资格标准的原则是非常重要的。

（三）工学交替的序化原则

工学交替是一种将学习与岗位工作相结合的教育教学模式，是职业教育"实践性、开放性和职业性"的必然要求。工学交替形式有很多种，比如有学年之间的"工"与"学"的交替、学期之间的"工"与"学"的交替，甚至有星期间"工"与"学"的交替。不管哪种形式，都是学习和工作较好地结合在一起。这里的工作一是模拟实训，二是"真枪实弹"地完成职业岗位任务，这就要求学校与企业之间有密切的校企合作关系，校内学习与企业岗位实践必须无缝衔接。

现代学徒制本身就有双主体教学、学生与学徒身份的巧妙结合等特征，因此工学交替的课程体系序化原则与其是相辅相成的，体现了现代学徒制人才培养模式的内涵，并且在课程体系实施过程中给具体操作层面提供了极大的便利。

二、现代学徒制课程体系的组成

（一）通识课程

基于现代职业教育人才培养目标培养高素质技术技能型人才和企业岗位需求，遴选和组建通识课程。这部分课程的基本功能：一是传授学生基础科学理论，培养学生利用理论科学解决实际问题的能力，如自然科学和社会科学知识；二是培养学生正确的人生观、价值观、世界观等，培育学生社会主义核心价值观，常指思想政治教育课程等。

（二）基于岗位能力设置课程

通过对行业企业专业岗位调研，分析得出企业岗位对员工综合职业素质能力要求，再将综合职业能力素质梳理化解为不同的职业素质能力模块，一般包括专业理论知识模块、核心技能模块和企业文化模块等。每个模块又拆分为具体的子模块，根据每个具体子模块的要求，设置具有针对性的课程。

（三）职业素质课程

职业素质课程主要包括职业认知、职业道德、职业综合能力、职业规划等学徒职业素质养成课程。现代学徒制下的学生有双重身份，既是学校学生，又是企业学徒，也就意味着进校即进厂，学徒个人的职业生涯从入学那刻起已经开始了。学生在校期间就要对自己的职业有深刻的认识，严格把握岗位要求，学习职业道德规范，对以后的个人发展和职业规划有所准备。

（四）顶岗实训课程

这里所涉及的顶岗实训课程并不是指校内的模拟生产实习，而在企业岗位上作为独立的作业者完成工作岗位任务，和企业其他员工一样承担岗位职责。它在整个课程体系中并不是集中设置和实施的，而是当一个能力模块学习结束之后，就要从事该能力模块所对应的岗位工作，该顶岗实训课程与理论学习任务同步或者仅延迟一步，以工学交替的形式进行。

第二节 现代学徒制专业课程体系的构建

一、现代学徒制"模块化"课程体系的构建思路

根据确定的职业岗位群，以具体岗位工作过程为主线，与行业企业专家和技术人员共同分析企业对应职业岗位的工作过程。针对面向企业真实的工作岗位进行工作任务分析，提炼出典型工作任务，将需要完成的工作任务进行分解，确定具体的工作内容及完成该任务需要的职业岗位能力。

在提炼出典型工作任务后，要对其进行归纳、整理和重组，开发核心课程，制定课程标准，按照职业素质、知识、技能和学徒认知规律，形成专业核心职业能力。同时，根据现代学徒制育人规律，对学徒学习过程进行分段，科学设计不同学段的课程，规定相应的学时，系统编制教学内容，确定教学进度以及考核评价方式、考核内容、考核标准等，形成具有特色的模块结构，从而重构现代学徒制课程体系。

二、现代学徒制课程体系的组成

"二元三段模块化"课程体系是指在现代学徒制试点工作过程中，学校和企业两个育人主体从企业实际工作岗位的职业能力分析入手，结合技术技能人才的成长规律，按照初级学徒、中级学徒和高级学徒三个培养阶段的相关要求，以国家职业标准为依据，以能力培养为单元，重构现有课程结构，将国家职业标准所要求的理论知识、专业技能和职业素养融入课程体系之中。

(一)"二元"即课程体系由学校课程体系元和企业课程体系元组成

学校课程体系元主要以理论课程为主，企业课程体系元则以实践课程为主。学校课程体系按照"通用基础能力—职业基础能力—职业基本能力—职业综合能力"的递进顺序对课程进行重组与排序；企业课程体系依据德国双元制教育理念和企业要求，按照企业真实工作岗位的递进顺序重新进行序化，以实践课程和学徒拓展课程为主，并与学校主体课程紧密对接，以提升学徒培养质量。

（二）"三段"即课程体系分为三个培养阶段

第一阶段以校内学习为主，第二阶段以企业学习为主，第三阶段以顶岗实习为主。不同的培养阶段对应不同的学习时段，三个阶段的课程体系互为促进、互为提升（图 7-1）。

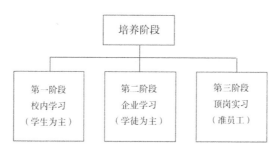

图 7-1　"二元三段模块化"课程体系培养阶段框架

第一阶段为校内学习阶段，学习年限一般为 2—3 个学期。不同专业的学习时段可以适当调整，但学习时段要以学期为单位进行合理划分。该阶段学习课程以公共基础课程和专业基础课程为主，以企业认知课程和职业素养课程为辅，在同步提高学徒文化功底的同时，夯实学徒的专业理论知识和职业素养。

第二阶段为企业学习阶段，学习年限一般为 2—3 个学期，学习形式为跟岗实习。该阶段重点培养学徒的岗位适应能力，为下一阶段的顶岗实习打下坚实基础。

第三阶段为顶岗实习阶段，学习年限为最后一个学期。该阶段主要由企业师傅指导学徒在具体岗位上进行技能训练，由学校教师在相同岗位上对学徒进行辅助管理和指导，同时同步提高教师和学徒的专业实践技能，使学徒能够胜任自己将来要从事的岗位任务，具备企业员工的基本素质，达到教学相长的目的。

（三）"模块化"指课程内容的选择与组织通过模块结构来设计

即将单一的教学活动组合成主题式教学模块，每个模块都制定各自的教学目标，并有针对性地设置模块内课程，各个教学模块之间层层递进、环环相扣。"二元三段模块化"课程体系由以下四个模块构成：

（1）公共基础课程模块

公共基础课程模块由教育部规定开设的公共基础课程组成，主要包括语文、数学、英语、德育、体育、计算机基础、公共艺术、历史和物理等文化素质课程。

（2）专业基础课程模块

专业基础课程模块是以各专业所对应的岗位群的基本职业能力要求为依据，侧重于对学徒专业基本能力培养的课程组合体，主要包括专业基础类课程。

（3）专业技能课程模块

专业技能课程模块是在专业基础课程模块的基础上，融合职业资格考证的专业内容，校企合作开发的多个可供选择的专业技术技能课程。

（4）学徒拓展课程模块

学徒拓展课程模块由学徒根据自身发展需求自由选择，校企共同对学徒进行个性化培养，以充分发挥学徒的职业能力，培养学徒适应现代职场变化的职业能力。该模块包括校内课程模块和企业课程模块。其中，校内课程模块包括书法、演讲与口才、音乐欣赏、应用文写作及专业特色课程，企业课程模块以企业文化和具体岗位适应性课程为主。

三、现代学徒制课程体系的实施方式

课程体系的实施方式要以与现代学徒制合作企业的试点过程为研究对象，对基于现代学徒制试点的校企合作教学项目的开发及实施进行探索与实践。校内实施阶段以"引企入校"的方式进行，企业实施阶段以"引校入企"的方式进行，这样可以充分发挥校企联合办学的优势，缩短工学交替时间间隔，增强教学效果，为"二元三段模块化"课程体系向纵深推进打下坚实基础。

（一）"引企入校"

"引企入校"不局限于企业在学校建设实训基地、选派企业导师授课，更重要的是要把企业的优势引入学校教学中，按照企业的用人标准对学徒进行培养。通常的做法是企业在学校建设生产性实训基地，实训基地既要满足教学需要，又要满足生产需要，一般以"前校后厂"的形式居多。这样学徒在校内就可以接触到企业真实的生产经营环境和企业文化，为第二阶段的学习打下坚实基础。

此外，企业要全方位参与学校教育教学，如开发适合学徒成长的特色教材，对学校专业教师进行针对性培训，参与学校的科研项目，这样才能增强"二元三段模块化"课程体系的教学效果。

（二）"引校入企"

将学校教育教学模式引入企业，在企业建立学习教室。学徒管理由校企双班主任共同负责，教学任务由校企双导师共同承担，教学方式分为集中授课、跟岗授课和个性化授课三种方式。集中授课是指利用每天企业生产空闲时间，校企双导师分别给学徒授课；跟岗授课是指学徒分散在各个工作岗位上，由企业导师讲解相应岗位上的专业内容；个性化授课是指学徒在跟岗实习的过程中发现不懂的问题可以及时请教企业导师，企业导师利用生产空闲时间回到教室给学生答疑解惑，提供个性化辅导。三种授课方式要互相补充、互为促进，才能取得良好的教学效果。

"引校入企"这种教学方式设计合理、可操作性强、不耽误学徒跟随师傅从事跟岗实习，入企专业教师的辅助性专业理论教学为学徒实践提供了专业理论支撑和后续成长的专业理论基础，从而实现了"教学内容与职业标准一体化、教学过程与企业生产过程一体化"。

实施"引校入企"，使学徒的学习空间相对固定，可以大大缩短工学交替时间间隔。在一定空间内，通过短周期交替能够有效提升学徒的技术技能、生活能力、工作能力和社会适应能力，对帮助学生完成由在校生到准员工的身份转变具有不可替代的作用。

四、现代学徒制课程体系的教学模式

课程体系的实施离不开教学模式。在"二元三段模块化"课程体系实施过程中，不同的培养阶段、不同的模块教学模式应有所区别。教学模式要紧紧围绕人才培养目标，把专业知识真正转化为岗位实际工作能力，改变传统教学模式的弊病。

在第二阶段和第三阶段培养过程中，采用"岗位任务对接式"教学模式，即以企业各个岗位的实际工作过程为主线，学校教师和企业师傅共同授课，使学徒在相应的岗位工作中达到教学目标，达到有效教学的一种课堂教学模式。

五、现代学徒制课程体系的考核评价

不同的课程体系有不同的考核方式，考核方式要紧跟时代步伐。由于"二元三段模块化"课程体系具有二元性和阶段性，所以其考核方式要以过程性跟踪考核、阶段性常规考核和生产性岗位考核等多种方式进行。

过程性跟踪考核就是在课程体系的不同教学阶段进行跟踪考核，利用数字化评价软件系统，校企双导师共同实施评价考核，基础数据记入评价手册和评价软件系统，从而提升评价的科学性，形成创新特色。

阶段性常规考核包括平时考核、期中考核和期末考核。平时考核以学徒自我评价和德育评价为主，期中和期末考核以笔试和实际操作的形式考查学徒对公共基础课程模块、专业基础课程模块和拓展课程模块的知识掌握程度。

生产性岗位考核就是结合企业生产实际，学徒在实际工作岗位中进行现场操作，企业师傅针对学徒的岗位工作任务完成情况进行生产方面的评价，重点考查学徒对专业技能课程模块和拓展课程模块的知识的掌握程度。

第八章　高职院校试行现代学徒制需要解决的问题

现代学徒制是企业学徒培训与职业院校学历教育相结合的教育制度，具有"双主体""双身份""双导师"等特征，包含了学校与企业、企业与学生、教师（师傅）与学生（学徒）等主要契约关系。自试点现代学徒制以来，各高职院校也相继遇到不少难题，需要探讨解决，以便让现代学徒制这条"路"越走越宽、越走越好。

第一节　现代学徒制试点专业学徒身份问题

招生与招工结合是开展现代学徒制的核心要求，所以学徒应该是现代学徒制项目主体中最大的直接受益者。"学徒"不同于一般意义上的企业员工，清晰界定企业与学徒的权利、义务关系，实施有效的学徒管理，使企业、学徒双方都产生获得感，是现代学徒制教育模式成功的关键。高职院校试行现代学徒制过程中，企业与学徒的权利、义务关系难以界定，因此容易造成学徒权益受到侵害，也容易增加企业参与现代学徒制合作的运行成本，进而挫伤企业和学徒参与现代学徒制合作的积极性。

一、对学生（学徒）的双重身份界定

现代学徒制实施"招生招工一体化"，学生在被正式录取前必须与合作企业签订劳动合同，入学后到企业跟岗学习，既是企业的员工，同时也是学校的学生，既要参与企业的劳动，也要利用课余时间在企业实习或回学校上理

论课。许多学生对这种双重身份的界定不清晰，甚至产生误解，以为学校将他们作为廉价劳动力"卖"给企业。学徒以"企业在岗培训"为主，具备"学生"和"员工"的双重身份，学徒在完成学校学习任务的同时，还需要履行作为企业员工的工作任务及要求。学校和企业应帮助学生有效进行双重角色认知，顺利实现"学生"与"员工"身份的转换。

二、从政策上明确"学徒"的法律身份

《劳动法》《劳动合同法》《职业教育法》等法律都没有将现代学徒制中学徒的身份认定为员工，所以当学徒在工作中权益受到侵犯时无法用《劳动法》《劳动合同法》等有关法律维权。政府应在政策上对"学徒"的法律身份、权利等给予明确的规定，在实际探索中，学徒与企业签订了类似劳动合同的三方协议，但在岗学习期间未享受正式员工的薪酬福利待遇，其双重身份和国际界定的学徒双重身份的惯例不完全相符，急需相关部门和专家根据我国现阶段的实际情况，对现代学徒制学徒的双重身份进行实事求是的界定。另外，在学生被拟录取之前，学校应集中向学生说明学徒、学生身份的界定，使学生明确合作办学的模式、学徒的权利和义务，与能接受并履行承诺的学生签署知情同意书、三方协议后再正式录取。

三、加强现代学徒制的学生（学徒）管理

现代学徒制中的教育对象具有在校学生和企业学徒双重身份。作为在校学生，得遵守学校的组织纪律；作为企业的学徒，则需维护企业的文化，恪守企业的规章制度，教育对象的管理也由单纯的学校管理转向校企共同参与的双重管理。现代学徒制下，教育管理的主体、对象、情境都发生了很大变化，不可能完全像学校主体那样管理条块分割清晰，合作、整合、融合是做好学生（学徒）管理的必然策略。因此，学徒管理制度建设增添了行业企业主体，融进了行业企业相关管理内容，制度总体包含各层级制定的关于学生（学徒）管理的法律法规、指导意见、实施办法，行业组织制定的职业道德规范、职业资格、岗位能力标准，试点企业和学校制定的学生（学徒）具体管理制度、专业岗位标准，以及校企合作组织和利益相关者行为习惯引发的在学生（学徒）管理制度运行中的文化和认知特征。

（一）切实保障学徒的合法权益

学徒是现代学徒制培养模式中最重要的主体，保障学徒的基本权益是现代学徒制培养模式改革的重要内容。现代学徒制从入校即入企，招工即招生开始，签订三方协议，明确三方责任。要在确保学生（学徒）自愿的前提下，由学生（学徒）、学校、企业以及监护人共同签署协议，确保学生（学徒）不超负荷工作，能按照实际工作贡献按期取得合理的劳动报酬。校企双方应协商明确由企业或者学校哪一方承担学生（学徒）的责任保险和工伤保险。

（二）制定配套的学徒管理制度

高职现代学徒制试点学生（学徒）管理制度建设，要针对现代学徒制下高职学生（学徒）学习、工作、生活的特点，基于现有的管理制度以及工学结合人才培养模式下积累的学生（学徒）管理经验，应紧紧围绕"立德树人，促进学生（学徒）全面发展"这一核心，创新管理模式，建构与之配套的管理制度体系。要遵循现代学生（学徒）观，坚持"以生为本""以徒为本"原则，制定并执行学生管理制度，严肃工作纪律，明确工作义务及责任，规范学徒行为，更要加强全面保障学生权利和合法权益。

（三）解决学徒生活问题

进入企业前就安排好学徒的食宿问题，关注学生工作生活中产生的心理问题。每天安排教师下企业指导学生。对学生分组分配导师，导师利用QQ群、微信群、电话等及时询问学生每天的工作生活情况，使学生遇到问题能够迅速解决，情绪得到及时安抚和疏导。

（四）做好学徒的动态评估

学徒的跟踪指导成效需要有合理的评估机制作为支撑。动态评估机制包含对学徒在岗学习与工作的评价，也包含指导过程中学徒对师傅的评价。在评价机制中及时跟踪学徒成长情况，让学徒明确自己的优势，也认识到不足。通过学徒对师傅的动态评价，了解师徒关系构建的情况、指导的成效并对其进行及时调整。在此过程中，学徒能明确感受到校企对他们的关注，也能对角色胜任度做出客观评价，及进行态度和行为的调整，促进他们的积极角色行为。

在学徒的培养过程中，对学徒的成长发展进行跟踪辅导，并记录他们的成长轨迹，这可以作为校企评价及考核学徒的依据，也可以让学徒看到自己的成长历程，加深他们对自我发展及岗位进阶的掌控力。学徒在自我认知和发展的过程中，可依此进行目标设定和自我规划的调整，容易获得工作和学习的成就感。

四、建立现代学徒制的学生（学徒）发展标准体系

依据现代学徒制各专业人才培养目标，以培养"职业道德高尚、职业素养优良、专业理论扎实、职业技能高超、具备创新创业能力的高素质技术技能人才"为根本，加强职业技能提升和创新创业教育，在学生学业发展、德育发展、个人发展、职业发展、团队发展等领域制定和完善学生发展标准，形成学生发展考核性诊断标准，使学生明确自我提升和发展的重点及相应质量标准（表8-1）。

表 8-1　学生（学徒）发展标准

系列标准	学业发展标准。包括学业目标、自我管理、学习能力、学习效果、表达与沟通、学习交流、专业拓展、创新能力、学业提升计划
	德育发展标准。包括民族精神、理想信念、道德品质、文明行为、遵纪守法、心理健康等
	职业发展标准。包括职业生涯规划、专业学习、职业准备、创业精神、就业计划等
	个人发展标准。包括个人发展目标、了解自己、了解他人、友好相处、身心健康、价值观、责任心、学习能力、管理能力、理财能力、创业能力等
	团队发展标准。包括价值观、行为规范、团结协作、责任意识、领导能力等

五、全面提升学徒的学习能力

学徒的主体性价值得到发挥的关键在于培养学徒主动发展的能力，而这种能力主要表现为深度学习能力和终身发展能力。学徒期是一个进行时的学习，是一个过程性的表达，其核心就是学徒的"转识成技"贯穿职业生涯的过程。现代学徒制正是基于提升学徒学习效率的理念，倡导工学结合、知行合一，目的就是针对高职学生的基础情况，打通学生成才路径。因此在具体

的实践过程中，现代学徒制的实践应该更加关注学徒的学习能力的提升。学习终身化是时代发展对人的发展提出的新要求，人的可持续发展能力是适应未来生活的重要能力之一。学徒的可持续发展能力的提升要聚焦学徒的职业理想与信念、高阶思维能力、关键性专业技能和共同学习能力等方面的培养。

第二节　现代学徒制试点专业"双导师"建设与管理问题

双导师制是现代学徒制实施的重要特征之一，教育部《关于开展现代学徒制试点工作的意见》中明确提出要"推广学校教师和企业师傅共同承担教育教学任务的双导师制度"。《国家职业教育改革实施方案》强调要"推动企业工程技术人员、高技能人才和职业院校教师双向流动"，大量引进企业师傅充实职业院校师资队伍是学徒制试点的最基本特征之一。

在现代学徒制的实施过程中，有两个主体来承担对学生的培养，即职业院校的教师和企业师傅。其中，企业师傅要承担技能培养的主要责任。正如国家对教师有着严格的管理制度并提供完善的培训体系以提高教师的素质一样，实施现代学徒制也必须建立企业师傅制度，明确师傅的资格、责任、权利、待遇、培训等内容，建立起稳定的师傅队伍，因为师傅的能力水平、品德修养和责任心是影响现代学徒制人才培养的关键因素。比如，德国的双元制就有着非常完善的师傅制度，这是其人才培养质量的重要保证。因此，完善的现代学徒制需要建立"双导师"建设与管理。

一、校企共建，互聘共用

根据现代学徒制校企双主体育人要求，现代学徒制试点专业的师资队伍由学校和企业共同组建，人员互聘、职务互兼。企业选派了优秀工程师、技术骨干担任企业导师，每位导师与3—5名学生结成师徒，负责学生的实践教学，并以一对一或一对多的形式将自己的技术和技能传授给学生；同时，企业导师还兼任课程负责人或教研室主任，承担一定的课程建设、人才培养方案制定、实践教学以及教学资源建设等工作。学校遴选骨干教师担任学校导师，每位导师与3—5名学生结成师徒，负责学生的理论教学，并对学生进行学习上的辅导和生活上的指导；同时，学校导师还受聘兼任企业的技术负责人或车间主任等职务，随同学生上岗工作，参与企业对学生学业进行的考核，承担具体的新产品、新技术研发和生产管理等工作。根据所授课程和所负责的学生，学校导师和企业导师组成不同的教学团队，每个教学团队既有学校导师也有企业导师。实践证明，学校导师和企业导师根据教学目标实施分类教学，各施所长、各负其责，沟通协调、互助协作，有效提升了高素质技能型人才的培养水平。

二、建章立制，规范管理

为保证现代学徒制试点工作的顺利进行和规范管理，试点工作初期就要非常重视建章立制工作，成立相关领导组织，设立相关管理机构，拟定规章制度。如成立领导机构专业试点改革指导委员会，主要负责试点工作的整体协调和方案制定；设立校企师资队伍管理委员会，主要职能是根据教学需要，精选骨干力量，组建校企教学团队，制定师资队伍发展规划、师资培训计划、专兼职教师考核管理办法等。对学校导师和企业导师的聘用条件、选聘流程、工作职责及教学管理等方面做出明确规定，这样既能保证双导师教学团队在人员结构、学历结构、职称结构、能力结构等方面的科学性，也能规范学校导师和企业导师的教育教学和学生管理。

三、侧重培养，提升素质

为了保障现代学徒制试点工作的质量，提升人才培养水平，必须确保"双导师制"师资队伍具有较强的教育教学素养和育人能力。但众所周知，学校专任教师和企业技术人员在应用型人才培养中各有优劣：学校专任教师具有较强的理论素养和教育教学能力，但实践经验和动手能力欠缺；而企业技术人员具有丰富的实践经验和较强的动手能力，但教育教学能力和理论素养不足。双导师制虽然可以实现学校专任教师和企业兼职教师的优势互补，在一定程度上弥补对方的不足，但不能完全互补。为了提升双导师整体队伍的育人水平，江苏工程职业技术学院充分利用现代学徒制试点契机，对学校导师和企业导师进行不同内容的侧重培养：强化学校导师的实践能力，提升企业导师的教学素养。对于学校导师，主要通过选派其参与企业的产品研发和一线生产等环节，学校导师有机会亲自接触企业的生产与研发，熟悉企业车间的各生产流程，掌握各种设备的操作，积累实践经验，提升操作技能和专业实践能力；对于企业导师，主要通过短期主题能力培训等方式，使其尽快熟悉现代教育理念和规律，掌握基本教学流程、先进教育技术、科学教学方法和课堂驾驭技巧，夯实教学基本功，提升教育教学水平。双导师制下的学校导师和企业导师在各自短板上均能得到长足发展，在专业实践和教学能力等方面均有较大进步，能有效提升师资队伍的整体育人水平。

四、搭建平台，密切合作

现代学徒制的主要特点就是校企联合培养人才，作为一个教学团队，为了保证教学质量和育人水平，在教学过程中学校导师和企业导师必须有畅通的沟通渠道，从而实现合作育人。如，江苏工程职业技术学院飞机机电设备维修专业的试点工作采用"校企融合、渐进过渡"的人才培养模式，校企深度融合，将校内实训室、产教融合实训基地、企业车间三个线下课堂与线上网络课堂融合，随着教学的深入，教学逐渐从学校课堂过渡到企业车间。渐进过渡实施专业课程教学，需要校企共同设计实施教学。为了实现双导师的合作育人，该试点专业为每一位学生配备一名学校导师和一名企业导师，双导师结对，共同负责学生的教学实训。为方便双导师的协作，该试点专业建立了各种微信群和 QQ 群，极大方便了导师间和师生间的相互联系，为导师们提供了交流互动的平台，极大方便了学校导师和企业导师的合作育人。为提升学校导师和企业导师的职业教育理念与教学水平，该试点专业还制定了《现代学徒制定期例会制度》，学校导师和企业导师全程参加教学方案的制定，定期参加各种公开课、教学研讨会活动。根据参会人员范围规定了各种例会的召开频率，整个试点专业每学期至少举行 1 次集中研讨，各教学团队每月至少举办 1 次教研活动，双导师每周召开 1 次碰头会。而且各种教研活动由校企轮流负责，会场或设在学校，或设在企业，主持人或为学校导师，或为企业导师，为学校导师和企业导师的沟通交流提供了很好的平台，较好地促进了双方的相互学习和共同提升。

五、校企考核，多元评价

作为教育教学的重要环节，考核既是对教师们前期教学工作的评价认可，也是对后期教学工作的科学引导，是教学质量和教师发展的重要影响因素。根据试点方案，对双导师的考核主要采取校企双主体考核，实施以学校和企业评价为主、以学生评教和导师互评为辅的综合性考评。考核内容主要包括师德师风、教学业务、学生管理及导师职责履行情况等，考核结果将存入专门的业务档案，作为岗位等级认定、绩效奖惩和下一轮导师聘任的主要依据。校企双主体考核的主要优势是更客观地评价学校导师在企业的服务和企业导师的教学业绩，并将其纳入业绩考评和专业技术职务晋升，有利于调动学校导师和企业导师的积极性。同时，为了彰显考核的全面性和客观性，试点专业应实施多元化评价模式，即多元评价主体和多元评价方式相结合。多元评价主体的主体除了学校和企业双主体外，还给了学生、学校导师、企业导师和相关管理者评价的话语权；多元评价方式除了原则上的过程性评价和终结性评价外，还详细设置了领导评价、学生评教、学生自评、小组互评和导师互评等。实践证明，校企双主体考核和多元评价模式有效保障了考核评价的科学性和客观性，有利于双导师制师资队伍的稳定和工作积极性的提高。

六、动态管理，定期更新

试点专业师资队伍的管理主要由校企师资队伍管理委员会负责，其主要职能是根据教学需要，精心遴选符合条件的校企双导师，组建校企混编的教学团队，制定师资队伍发展规划、师资培训计划、专兼职教师考核管理办法等。为了确保"双导师"制师资队伍的质量，对于学校导师和企业导师，试点专业除了要重视初期的严格遴选和中期的重点培养外，还要实施定期更新、动态管理的机制。江苏工程职业技术学院飞机机电设备维修试点专业最初主要根据双导师的资格条件从航空与交通工程学院和南通华夏飞机工程技术股份有限公司遴选校企双导师候选人，组建导师数据库，试点工作开始以后，每学期都会在对学校导师和企业导师进行考核评价的基础上进行调整，对教学水平不高、履职能力不强的导师不再续聘，并从导师数据库中删除。同时继续遴选其他符合条件的导师候选人，定期更新导师数据库，保证数据库的良性循环。这种能上能下的动态管理，有效保障了师资队伍的活力和水平。

第三节 "互联网"背景下的现代学徒制试点专业教学管理问题

所谓"互联网＋"，是指以互联网为主的一整套信息技术（包括移动互联网、云计算、大数据技术等）在经济、社会生活各部门的扩散、应用过程。对工学结合、校企合作的现代学徒制培养模式，以"互联网＋"为依托，并对课程体系及实施过程进行系统的整理与重构，为学徒、教师、企业提供一个无缝连接的开放的柔性平台，已成为现代学徒制教育理论和实践的重要内容。

一、"互联网＋"背景下现代学徒制人才培养模式创新

现代学徒制并非简单的校企合作培养模式，也不仅是以学校为主的人才培养模式，而应该是一种校企人才共育的双主体培养模式，要求人才培养与市场需求对接、专业设置与行业发展对接、课程设置与岗位需求对接，以彰显职业教育"产教融合，知行合一"的特色。

为了更好地体现现代学徒制校企人才共育的特点，校企双方可对不同阶段的学生进行分层培养，从而实现学生—学徒—准员工—员工的自然转变。第一学年以学校教育为主，以学生身份，在学校完成专业的通识教育与专业基础教育，该阶段主要由教师采用理实一体的教学模式进行知识的传授，以提高学生的人文素养与专业素养。其中第一学期为"识岗"阶段，通过专业教育与通识教育，学生对有关专业岗位有了初步认识。第二学期为"知岗"阶段，通过专业基础教育，学生对有关工作岗位有了进一步的了解，并掌握有关专业基础知识。第二学年校企双主体育人，以学徒身份进行实训实习。其中第三学期为"跟岗"阶段，该阶段采取学校为主、企业为辅的"工学结合"的教学模式，学徒在校内实训室进行专业仿真模拟实训，并由企业委派驻校兼职老师在"校中厂"进行专业岗位技能实操，引进企业真实的项目，提高学生的专业技能水平。第四学期为"模岗"阶段，采取企业为主、学校

为辅的"工学交替"的方式，企业师傅对学徒进行在岗培训，并由学校委派驻企专业教师辅以相关专业知识的指导，提高学徒岗位技能水平。第三学年进入企业实战就业平台。其中第五学期为"轮岗"阶段，以准员工的身份，在企业不同岗位进行轮岗实战，并逐步独立承担相应的工作任务。第六学期为"定岗"阶段，根据实习生不同岗位轮岗实战综合表现，确定适合其发展的岗位，实习生与企业进行双向选择，如果双方均表示满意，即可签订有关就业协议或劳动合同，学生转变为正式员工（图 8-1）。

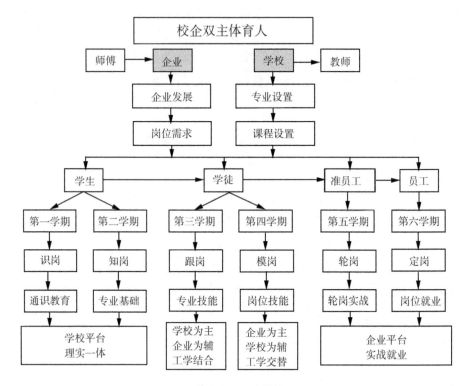

图 8-1　现代学徒制双主体育人流程图

二、"互联网十"背景下现代学徒制试点专业的课程设置

校方应主动与行业企业对接，根据行业发展趋势和企业岗位技能要求，设立"课岗对接""双标准"课程体系，即将课程标准与职业标准相融合，课程内容与岗位要求相对接的课程体系，从而实现"课堂岗位零距离，学校企

业无缝接"的理想效果。

在"互联网＋"时代，为了促进校企双方的沟通与交流，校企双方应充分利用互联网平台与信息化技术，在现代学徒制"课岗对接"课程体系下，联合开发信息化教学平台。学校教师、企业师傅和学生学徒可以分别在信息平台上发布课程教学资料、企业培训资料和学生操作作品等，形成优质资源库，并建立"微课"、"慕课"、精品在线开放课程、网络课程等，为校企生三方开通账号，建立校企生三方交流互动平台，以便更好地利用网络技术和信息化手段开展网络教学，促进校企生之间的沟通与互动学习。

三、"互联网＋"背景下现代学徒制试点专业的"双监控"管理模式

现代学徒制中，作为管理主体校企双方而言，既要学校做好学徒的教学管理，又要企业做好学徒的实习管理。为了促进教学与实习的校企共管模式的发展，校企双方应成立现代学徒制过程管理小组，共同建立教学管理与实习管理机制以及信息反馈和运行机制，共同制定实训管理制度、学生顶岗轮岗实训管理条例、安全管理细则、考勤制度等相关管理制度，并对有关校企管理人员进行专业培训，以提高管理人员的管理水平，增强管理人员的责任心。校企双方对学徒课堂学习过程、企业实习过程、实训实习安全、实训实习效果等进行共同监管，以保证各项教学与实习管理工作的正常开展。

为了解决目前校企沟通不顺畅、信息反馈滞后等问题，校企双方可以利用"互联网＋"信息技术，联合开发"互联网＋"校企管理信息系统，以提高学徒管理的系统化、自动化和透明化。通过该系统信息反馈功能，学徒不管是在校学习还是在企业实习，均可以通过监控系统反馈到信息管理系统。这样一来，学徒在校学习时，企业师傅便可提前了解学徒在校学习情况与知识掌握程度，以利于今后根据学生薄弱之处有针对性地开展岗位培训与指导；而学徒在企业实习时，学校教师也可以及时了解学徒在企业的实习表现，并能对学生在实习过程中遇到的问题提供专业的支持与帮助，以确保校企双方对学徒学习和实习过程进行双向监管。

四、"互联网＋"背景下现代学徒制试点专业的"多元化"考评机制

现代学徒制的学徒不同于传统的在校生，不仅需要接受学校导师考核，

还需接受企业导师考核。考评机制不仅是检验学徒学习效果和实习表现的重要手段，也是现代学徒制推进成功与否的检验标准。因此，学校可通过相关的改革措施，制定学徒考核标准，建立多元的考核评价机制。例如，校企双方可以对学徒在不同阶段的表现进行分段考核，综合学校、学院、专业、企业、部门、校企导师等多方评价意见对学徒进行全方位、多角度的综合考核。广东城建职业学院国际贸易专业在进行现代学徒制培养模式探索过程中，初步建立了分段考核的"多元化"考核机制，主要包括以下几方面内容：

①考核时间。采取分阶段考核的方法，在每一个岗位实习（一般以学期为单位）结束后进行考核。

②考核内容。考核内容主要分为三部分。第一部分为学徒在每个岗位实习期间的实习态度、实习表现、职业素质等；第二部分为学徒在每个岗位对实习理论知识掌握程度；第三部分为学徒在每个岗位对实习专业技能掌握程度。

③考核程序。在完成每个岗位的实习任务后，填写学徒实习考核表。第一步为学徒自我鉴定；第二步为学校指导教师按照实习大纲对学徒进行理论考试；第三步为企业带教师傅按照实习大纲对学徒进行技能考核；第四步为学校指导教师和企业带教师傅联合对学徒进行综合考核，并给出其在该岗位的实习成绩。

④考核成绩占比。学徒工作态度、实习表现等占30％，理论考试成绩占30％，专业技能考核占40％。

⑤考核结果处理。考核分优秀、良好、中等、及格、不及格五个等级。考核不及格者，延长实习时间，重新考核。考评结果和企业工资绩效或校企合作项目专项劳务报酬挂钩，本着激励原则，起到奖惩分明的效果。

第九章　高职院校试行现代学徒制

——"永职模式"的实战案例

党的十九大报告指出，要"完善职业教育和培训体系，深化产教融合，校企合作"。2019 年 2 月，国务院印发了《国家职业教育改革实施方案》（简称职教 20 条），方案明确指出，要借鉴"双元制"等模式，总结现代学徒制和企业新型学徒制试点经验；"厚植企业承担职业教育责任的社会环境，推动职业院校和行业企业形成命运共同体"。2019 年 5 月，教育部办公厅发布《关于全面推进现代学徒制工作的通知》，通知指出，要"全面推广政府引导、行业参与、社会支持、企业和职业学校双主体育人的中国特色现代学徒制"。推进和推广现代学徒制是推动国家职业教育制度与劳动用工制度相结合的重要举措；是深化产教融合、校企合作，推进工学结合、知行合一的有效途径；是国家发展的重要布局；是党中央、国务院的部署安排。

根据教育部《关于开展现代学徒制试点工作的意见》的要求，教育部分三批已经遴选出 562 家分别由地方政府、行业协会、企业、中高职院校主导的现代学徒制试点单位。

第一节　试点专业项目概述

2017 年 5 月，永州职业技术学院联合湖南大北农农业科技有限公司申报畜牧兽医专业现代学徒制试点项目，经湖南省教育厅遴选并推荐上报教育部，项目通过了专家论证，教育部于 2017 年 8 月下达了《关于公布第二批现代学徒制试点和第一批试点年度检查结果的通知》的文件，予以批准立项。校企双方迅速成立现代学徒制试点建设项目领导小组，按照教育部批复的试点工作实施方案和任务书要求，扎实推进项目进程。2017 年 6 月，永州职院与大北农签订现代学徒制班试点合作办学协议书，9 月从 2017 级畜牧兽医大专班中遴选出 18 名学徒（其中 2 名同学中途变更到普通班级就读）组建了 2017 级"永州职院-大北农"现代学徒制班，全面推进项目试点工作。目前，已有 16 名学徒在企业完成了猪场岗位和饲料营销岗位的课程内容学习，顺利结业，其中 3 名学徒获得了大北农公司颁发的入职直通卡。

通过两年的试点实践，校企双方在协同育人机制、招生招工一体化、人才培养模式改革、课程体系建设、教学制度管理、制度改革等方面做了积极的探索，积累了一些经验。2018 级畜牧兽医专业在原有合作企业的基础上，又与温氏股份桂湘养猪公司签订现代学徒制合作办学协议，共遴选学生 47 人，其中湖南大北农农业科技有限公司 17 人，温氏股份桂湘养猪公司 30 人，现已按照试点项目人才培养方案开展校内课程的学习。

2019 年，按照"试点总结、省级验收、结果复核"的工作程序，教育部组织专家对现代学徒制第二批试点单位进行验收，永州职业技术学院畜牧兽医专业现代学徒制试点项目顺利通过验收。

第二节　试点专业实施过程

按照《教育部"现代学徒制"试点工作任务书》要求，永州职业技术学院畜牧兽医专业现代学徒制试点项目自 2017 年 8 月立项以来，学校对照备案任务书的建设要点，积极开展探索"双主体育人，岗位培养与成才"的现代学徒制试点工作。该项目建设的一级指标为 6 项，建设内容 16 大项，2017—2019 年试点工作任务验收要点 46 项，实际完成 51 项，各项指标平均任务完成率 111％，具体情况见表 9-1。

表 9-1 畜牧兽医专业现代学徒制试点项目任务完成情况一览表

一级指标	2017—2019 年项目建设内容	承诺任务数	完成任务数	任务完成率
校企协同育人机制	组建畜牧兽医专业建设委员会	2	2	100%
	联合开展现代学徒制人才培养协议	2	2	100%
	校企合作生产性实训基地管理制度	2	2	100%
招生招工一体化	畜牧兽医专业联合招生工作方案	5	5	100%
	三方协议书	2	2	100%
人才培养制度和标准	现代学徒制人才培养方案	2	2	100%
	专业教学标准、课程标准、学徒岗位标准、企业师傅遴选标准、人才培养方案监控标准	10	13	130%
	专业课程体系	2	2	100%
	校本教材	4	6	150%
校企互聘共用的师资队伍	双导师的选拔、培养、考核、激励、晋升制度	2	2	100%
	双导师双向挂职锻炼、横向联合技术研发的实施办法	3	3	100%
	校企互聘共用师资队伍实施办法	2	2	100%
体现现代学徒制特点的管理制度	教学管理制度	2	2	100%
	学分制管理办法和弹性学制管理办法	2	2	100%
	学徒制管理办法	2	2	100%
其他	奖、助学金制度	2	2	100%
合　计		46	51	111%

一、探索校企协同育人长效机制

通过两年的实践探索与实践，建立了"校企主体、责任共担、分工明确、运行顺畅"的协同育人长效机制。

（一）成立了试点工作领导小组

成立了以学校校长翟惠根教授和大北农集团副总裁周业军为组长的现

代学徒制试点工作领导小组，主要负责顶层设计、分类指导和宏观调控，统筹试点工作，定期会商和解决试点工作重大问题。以学校教学副校长韩立路教授和大北农集团总裁助理赵爱平组成现代学徒制试点专业指导委员会，主要负责人才培养方案的制定、项目的规划建设以及相关管理制度审定与考核。组建了校企双导师的教学团队，负责人才培养方案撰写，教学标准、岗位技术标准、课程标准和教材的编制，以及教学实施和教学评价等工作。

（二）精心遴选了合作企业

现代学徒制突出企业的主体育人地位，对合作企业的要求很高，要求企业在行业中具有引领发展地位，具有良好的员工培训成长体系，同时企业有培养准员工的需求，愿意分担人才培养成本。学校领导通过多次调研和沟通，精心遴选了湖南大北农农业科技有限公司为合作企业开展畜牧兽医专业现代学徒制试点，签订了现代学徒制校企合作办学协议书。

（三）明确了校企双主体育人的责任

按照现代学徒制人才培养的要求，采取校企双导师教学、育训结合，实行分段工学交替育人。在现代学徒制人才培养方案中，明确了校企双方的责任，课程依据学生上课的不同地点设置分为学校课程、企业课程及校企共同课程，采取通识教育课程校内完成，专业基础课校企共担校内完成，专业核心课与认岗、跟岗、在岗由校企共担试点企业完成的交替学习和实践模式，由校企双方的导师共同实施教学。

（四）建立校企培养成本分担机制

学生培养成本由校企共同分担：学校主要负责人才培养方案修订、招生招工、课程开发、教学资源建设、企业兼职教师课时费、调研差旅费、专家咨询费、生产性实训基地建设等；企业主要负责生产现场教学场地建设、招生招工、横向课题技术研发费用、企业师傅的带徒津贴和绩效奖励，以及学徒在公司期间的食宿、工作服、保险、工资、加班补贴、奖学金等。

二、推进招生招工一体化

项目试点以来，校企双方积极推进招生招工一体化，形成了校企招生宣讲、入企业近距离接触、学生自愿申请、校企遴选面试、签订三方协议五步走的"校企双向选择，学生自愿"的先招生后招工的实施方案。

（一）完善了招生招工一体化制度

校企共同制定了《畜牧兽医专业现代学徒制试点班校企联合招生招工一体化实施方案》，明确了招生招工对象、考试考核办法、录取录用办法。学校将现代学徒制招生纳入学校自主招生计划，在招生宣传册上明确畜牧兽医现代学徒制试点班级招生招工计划，招生招工对象为普通高中毕业生、中职毕业生或同等学力者。校企共同开展招生招工宣传，共同组织考试考核、共同录取录用。

（二）形成了五步走的"校企双向选择，学生自愿"的先招生后招工的实施方案

为有效推进招生招工一体化，根据学校招生的实际情况，校企成立招生工作领导小组，组建招生招工工作办公室，明确了双方的工作职责。形成校企招生宣讲、企业近距离接触、学生自愿申请、校企面试遴选、签订三方协议五步走的"校企双向选择，学生自愿"的先招生后招工的措施（图9-1）。

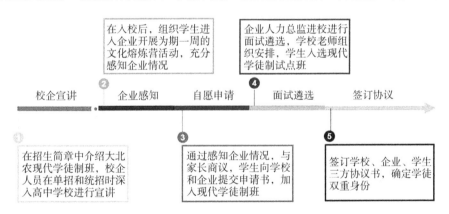

图 9-1 现代学徒制先招生后招工流程示意图

入校后，学校组织 2017 级畜牧兽医专业 34 名学生入企开展为期一周的文化熔炼营活动，充分了解企业的发展情况。通过对企业近距离的感知后，学生提交就读现代学徒制试点班级的申请书，最后通过校企的面试，18 名学生进入现代学徒制班级，并签订了三方协议书，确定了学徒的双重身份。

三、完善人才培养制度和标准

校企双方根据人才培养目标主要是培养母猪生产线技术主管和饲料销售客户主管两个工作岗位，形成了岗位的人才培养制度和标准。

（一）探索了"3367"的现代学徒制人才培养模式

校企双方根据现代养猪企业规模 500 头母猪猪场生产线技术主管和饲料生产企业的饲料销售客户主管两个工作岗位的职业素养、专业知识、职业能力的岗位培养要求，校企共同制定人才培养方案，经学校教务处审定，报学校党委通过后开始实施。按照人才培养方案要求，构建了"3367"的人才培养模式（图 9-2），第一个"3"指三种能力递进培养，即职业通识能力、核心岗位能力、职业综合能力；第二个"3"指培养三个环节，学校文化与专业基础知识学习环节、生产性实习实训基地技术技能训练环节、企业岗位职业能力培养环节；"6"指学习的六个阶段，第一阶段进行公共基础课程与专业基础课程学习，第二阶段进行企业文化与专业素养拓展训练，第三阶段进行技

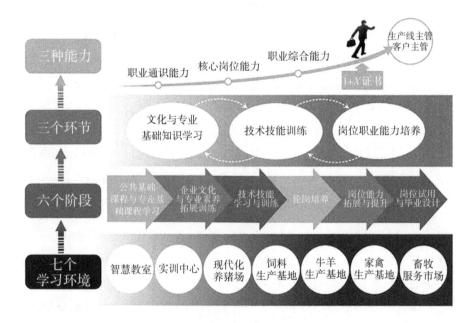

图 9-2　现代学徒制畜牧兽医专业"3367"人才培养模式

术技能学习与训练，第四阶段轮是岗培养，第五阶段是岗位能力拓展与提升，第六阶段是岗位试用与毕业设计；"7"指培养的七个学习环境，即智慧教室、实训中心、现代化养猪场、饲料生产基地、牛羊生产基地、家禽生产基地、畜牧服务市场。

（二）重构了课程体系，形成了"三种能力递进、课证融合"的理实一体化课程体系

构建了基于职业行动能力和职业生涯可持续发展的结构优化、内容先进、紧密对接现代畜牧产业链、充分融合国家职业资格标准要求、代表国内同类专业先进水平的"三种能力递进、课证融合"的课程体系（图 9-3）。将岗位工作内容、工作流程、工作技能、工作规范等转化为课程教学内容，设置课程项目，实现岗位任务与课程项目对接。根据企业岗位需求，校企共同开发课程与教材，编写校本教材，促进课程标准与职业标准、岗位标准相衔接，推进专业优质核心课程开发。校企开发了"现代化猪场生产技术""猪场兽医技术""现代化猪场生态环境控制技术""安全猪产品生产监测与控制""饲料加工与检测技术""饲料营销"6 门学徒岗位能力课程的课程标准，合作开发现代化猪场岗位技术标准 1 份，合作开发岗位培训校本教材 5 本，形成了保

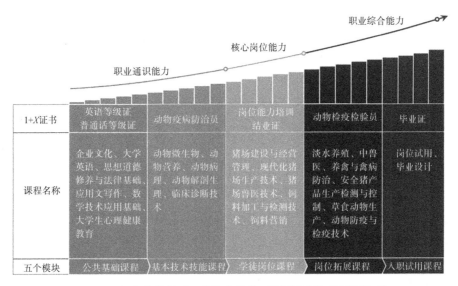

图 9-3　现代学徒制"三种能力递进、课证融合"的课程体系

障现代学徒制人才培养的教学标准与制度。

四、建设校企互聘共用的教师队伍

为有效提高人才培养质量，实行"学校双师型教师＋企业师傅"的双导师制，通过两年的紧密配合，现已建成了一支专兼结合、互聘共用的双导师教学队伍。

（一）形成了校企互聘共用机制

校企共同制定《畜牧兽医专业导师选拔、培养与管理制度》《畜牧兽医专业导师互聘共用实施办法》《专业建设激励政策实施办法》《现代学徒制双导师考核细则》《畜牧兽医专业导师双向挂职锻炼办法》《校企联合技术研发实施办法》《校企横向课程开发实施办法》等一系列制度和办法，规范了导师的选拔、培养、管理和考核，出台了相应的激励措施，畅通了人才流动机制，实现了人才效益的叠加，现有双导师 43 人，学校双师型教师 12 人，企业师傅 31 人。

（二）加强了双导师队伍的培训培养

为深入领会学习现代学徒制人才培养的精神，校企双导师参加国内学术培训培养 20 余次，校企联合申报省级课题 3 项，院级课题 2 项，申报实用型发明专利 3 个，获得省级技能竞赛三等奖 3 项。教学团队中的高仙、唐伟、邓洁为国内访问学者，唐伟和邓洁为省级青年骨干教师。唐伟、黄祥元、黄杰河等 6 名教师到企业挂职锻炼 6 个月以上，高仙、刘成、张昊、刘俊奇等 8 名教师到企业教学实践 3 个月。

五、建立与现代学徒制相适应的制度

为了保证现代学徒制试点工作的有序开展，校企共同制定了与现代学徒制试点工作相适应的管理制度 22 个，建立了与现代学徒制相适应的教学管理制度；创新考核评价与督查制度；建立多方参与的考核评价机制；建立定期检查、反馈等形式的教学质量监控机制；制定学徒管理办法，保障学徒权益；制定奖、助学金制度和技能竞赛常态化制度。

第三节　试点专业实施过程工作成效与创新点

通过试点实践，校企双方在协同育人机制、招生招工一体化、人才培养模式改革、课程体系建设、教学制度管理、制度改革等方面做了积极的探索，积累了一些宝贵经验，取得了较好的成效。

一、工作成效

（一）协同育人更紧密

在现代学徒制试点项目实施过程中，校企双方深刻认识到合作育人在现代学徒制教育模式中的重要地位，即要充分沟通、资源互用、信息共享、密切配合。学校充分引导和调动企业的积极性，鼓励企业在招生招工一体化、人才培养制度和标准、双导师队伍、管理制度、教学组织与实施、教学评价等各个方面都要全程参与，深化产教融合、校企合作，逐步构建"学校主导、企业主体、联合招生、双师传授、在岗培养、成本分担"一体化协同育人的长效机制，实现资源共享、优势互补、合作共赢、共同发展，满足新时代下企业高质量发展的需要。

（二）"三教"改革更深入

试点工作期间，按照专业设置与产业需求对接、课程内容与职业标准对接、教学过程与生产过程对接的要求，推进现代学徒制试点项目的教师、教材、教法等深度改革与探究。

根据现代学徒制教师的配备要求，推广学校导师和企业师傅共同承担教育教学任务的双导师制度，校企分别设立了兼职教师岗位和学徒指导岗位，完善双导师选拔、培养、考核、激励等办法，明确了双导师的职责和待遇，逐步形成了校企互聘共用的管理机制，打造了一支适合现代学徒制试点需要的专兼职结合的双导师团队，团队成员43人，其中校内导师12人，企业师傅31人。

根据企业岗位需求，基于岗位工作内容、融入国家职业资格标准，校企共同开发了适用于现代学徒制模式的课程与企业教材，编写校本教材，促进课程标准与职业标准、岗位标准相衔接，推进专业优质核心课程开发。校企共开发了6门学徒岗位能力课程的课程标准，合作开发现代化猪场岗位技术标准1份、岗位培训校本教材5本、虚拟仿真系统1个、网络课程2门，形成校企共建共享的教学资源体系。这些活页式、工作手册式的教材贴合岗位实际需要，符合岗位工作特点，为学徒在企业学习期间提供了更加适合岗位培养的师傅带徒弟的教学资源。

试点班按照"做中学，学中做"的要求，由学校导师和企业师傅共同指导，双师协同，形成工学交替、知行合一的课堂教学形式。按照企业生产和学徒工作生活实际，根据畜牧养殖企业生产的特殊要求，采取训学结合、在岗培养，积极探索白天在岗培训、晚上教室上课的"白＋黑"岗位培养模式，着力提高学徒的岗位能力和职业素养。

（三）实训基地更先进

试点工作期间，学校以畜牧兽医专业现代学徒制试点项目建设为契机，与湖南大北农农业科技有限公司合作，校企双方按照"共建、共管、共享、共赢"原则，整合校内畜牧兽医实训中心、兽医院、智能化生态养殖场、湖南众仁旺种猪科技有限公司养猪场、湖南大北农饲料公司生产基地为"现代学徒制试点班实训基地"。整合后，实训基地按师徒比例不超过1：2计算，可以满足100名以上学生的现场教学与实训。提质改造后的校企合作生产性实训基地集生产与教学、职业培训与资格鉴定、技术研发与服务升级等多种功能于一体，紧密结合现代畜牧业发展的需要，有效实施产教融合，完善人才培养模式与机制。试点工作期间，实训基地采取边建边用、边建边完善的原则，探索持久创新运营模式，充分整合优质资源，发挥各自优势，共同分享，相互赋能，相互推进，共同提升。通过校企合作生产性实习实训基地建设与不断优化，促进校企双方螺旋式上升发展。

试点期间，我们还与山东翼动智能科技有限公司合作，以智慧农场建设为依托，仿真养猪生产性实训，开发出"智慧农场"智能化养猪生产线的VR虚拟实境软件。学习者可以第一人称视角通过漫游模式进入整个智慧农场中，查看农场的布局和结构以及各种设备的运作。通过"智慧农场"和VR虚拟实境教学平台的建设，学生可以先在"智慧农场"VR模拟室中进行模拟实训，对生产没有干扰，且可以反复训练。

VR 虚拟实境可以执行现场不能做的项目,可以将真实的生产场景以 VR 形式在电脑屏幕上进行呈现,通过软件进行精细化渲染,可以做到与真实环境几乎没有差异的逼真效果,可以通过 VR 界面与学习者进行交互。这样可以有效地将专业课程教育教学与校内生产性实训基地有机结合,实现由教师主导到师生互动、自主学习的转变;既革新了传统教育教学的模式,又破解了工学结合的瓶颈,打破了时空、地域的局限,节约了办学成本,增强了实践教学效果并很容易推广应用。

(四)人才培养更实用

试点期间,校企双方合作为企业量身定制选择所需人才,学生入校即入职、顶岗即试用、毕业即转正。在培养学徒过程中,校企双方倡导"四育人"教育理念,即以德育人、以技育人、以文育人、以劳育人,育训结合、在岗培养,培养了支撑企业发展"留得住、用得上、发展快"的高质量人才。

经学生自我评价、学校和企业考核评价,现代学徒班学生综合素质明显得到了提升,具体表现为:学生技能得到明显提高、学生学习兴趣得到激发、学生主动学习能力得到增强、适应社会能力得到提高、团队协作精神得到培养。学徒班在校学习成绩与非学徒班学生的成绩相比明显要好。在企业岗位培训期间,这一系列企业文化活动,让学生了解了企业的创业历程、发展前景,熟悉了企业的环境和岗位要求,熟悉了职业特性和职业前景,培养了积极的职业情感。同时,也可以使他们透过企业管理文化,增强团队意识,提高团队协作精神,培养良好的职业品质,树立正确的就业观念、择业取向和高度的社会责任感。湖南大北农农业科技有限公司人力资源总监谢求这样高度评价我们现代学徒班的学生:学生的专业技能和职业素养绝对优于现有省内相关职业院校的毕业生。16 个学生中有 3 个学生获得大北农集团入职直通卡,获得该卡的学生(学徒)可以直接到大北农集团全国任何分公司任职。

(五)示范作用更明显

为了总结现代学徒制试点的成功经验,2018 年 7 月 16 日学校与湖南大北农农业科技有限公司在长沙市望城区召开了畜牧兽医专业现代学徒制研讨会,会上学校向全省 8 所涉农高职院校、5 所中职学校分享了畜牧兽医专业现代学徒制试点项目经验,得到了省教育厅职成处余伟良处长和兄弟院校的高度肯定。《中国职业技术教育》杂志刊登了学校《深化产教融合,探索"永州模式"的现代学徒制》典型案例，在全国高职院校引起高度关注。校企合作在省级以上期刊发表关于现代学徒制研究论文 2 篇，申请专利 3 项，获得课题立项 3 项。在与湖南大北农农业科技有限公司现代学徒制合作办学的成功基础上，为了将试点项目的阶段性成果有效地推广应用，2018 年学校又与温氏股份桂湘养猪分公司签订了现代学徒制试点工作办学协议，继续把现代学徒制试点作为优化学校内涵建设的新亮点，让合作共赢的根越扎越深，让现代学徒制的路越走越宽。学校现代学徒制试点工作得到了社会充分肯定和高度关注，人民日报、三湘都市报、永州日报、中国教育网、湖南红网、湖南教育网、永州新闻网等国家、省级多家媒体先后进行了报道，随着现代学徒制班级和专业的不断拓展，已成为可复制、可推广的新型人才培养模式。

二、创新点

（一）建立"3367"人才培养模式，实现企业岗位培养成才

以提高学生技能水平为目标，实行分段联合培养；以适应职业岗位需求为导向，将传授知识与岗位培养紧密衔接；以人才培养和用人需求为切入点，促进专业与产业、课程与标准、教学与岗位、考核与过程的对接。试点期间，通过师傅对徒弟的"传、帮、带"来实现岗位关键技术的传授，指导学徒进行岗位技能操作训练，帮助其逐步掌握并不断提升技能水平和职业素养，使之能够达到相应的职业标准和岗位要求。在项目试点过程中，建立"3367"畜牧兽医专业现代学徒制人才培养模式，实现专业与生猪产业对接，突出人才培养精准化，立足岗位成才。

（二）倡导"四育人"大北农理念，培养德技兼修的畜牧工匠

在培养学徒过程中，校企双方积极倡导大北农"四育人"教育理念，即以德育人、以技育人、以文育人、以劳育人，培养支撑企业发展的高质量人才。

学徒在企业期间，湖南大北农农业科技有限公司始终坚持以立德树人为根本任务，秉承"报国兴农"的企业核心理念，将"学农爱农"教育作为德育教育核心价值观，强调奉献农业、服务农业是当今有志之士责无旁贷的时代责任，激发学生（学徒）热爱农业、投身农业、奉献农业的热情，留住人才投身农业创业一线，为实现中华民族伟大复兴而不懈努力。

　　进入湖南大北农农业科技有限公司现代学徒制班的学生（学徒），拜车间师傅为师，形成师徒关系，在教学中采用"教师师傅合一、学生学徒合一、教室车间合一、实训生产合一"的以技育人的教学模式，实施理实一体化教学，将理论教学和实践教学有机融合，着力培养学生的专业技能和职业能力。将技能等级认证的标准纳入教学，分别在猪场技术主管岗位设置了一个动物防疫员证书，在市场营销岗位设置了一个市场营销员证书和一个企业认证证书，学徒考核合格获得证书的记 2 学分，积极推行实施学历证书、企业认证证书和若干职业技能等级证书的"1＋X"证书制度，在课程设置、教材选用上实现学历教育与技能鉴定的有机衔接与结合，稳步实施书证融通培养模式，提高学徒创业就业实力。

　　从初识企业的 LOGO、厂区的 VI 设计，到熟练歌唱企业歌曲，从大北农企业文化诵读、大北农企业文化主题演讲比赛，到课后业余文体活动的参与以及同事之间形成以老师互称的习惯（人人身上皆有闪光点，皆可为师），进入湖南大北农农业科技有限公司现代学徒制班的学生（学徒）在润物细无声的"大北农人"以文育人氛围中，每时每刻都在吸取养分、丰富涵养、启迪思维、陶冶情操、温润心灵，养成了爱岗敬业、规范严谨、多下苦功、多练真功、精益求精、诚实守信、敬业乐业的优秀文化品质，坚定了做强"报国兴农、争创第一"的信心。通过师傅们言传身教，企业文化被融入到教学过程，实现了企业文化的精髓与工匠精神的培育的深度融合，并最终落到学生的职业素质和职业价值观培养上。

　　进入湖南大北农农业科技有限公司的学生（学徒）均要接受公司的"以劳育德、以劳育人、以劳促智、以劳益美"劳动教育，公司规定学徒要从打扫猪舍栏舍卫生做起，通过劳动教育引导学徒崇尚劳动、尊重劳动、热爱劳动，懂得劳动最光荣、劳动最崇高、劳动最伟大、劳动最美丽的道理，在猪场打扫猪舍过程中，培养了学徒吃苦耐劳、勤于工作的优良品质。

（三）完善"五双一体"培养机制，形成校企育人保障体系

　　不断深化校企合作内涵，探索出了"双主体、双导师、双身份、双基地、双认证"五双一体的培养机制。

　　"五双一体"现代学徒制试点实践过程中，首先校企双方积极承担自己的责任与义务，坚持了校企双主体育人原则，成立了以学校校长翟惠根教授和大北农集团副总裁周业军为组长的现代学徒制试点工作领导小组，明确双主体育人的机构。校企双方主动协商校企共赢的制度文件，明确了双方的双主体地位，强化了双方的责任和义务。

项目实施过程中，坚持了招生即招工的原则，校企共同面试录取，招生与招工一体化展开，并在学校和企业同时备案，从一开始就明确了新生的"学生"和"学徒"双重角色，签订了三方协议，明确学徒的职业院校学生和企业员工双重身份，使学生的"双身份"特征得以彰显。

实施了校企共建师资队伍，学校导师和企业师傅互聘，教学任务由学校教师和企业师傅共同承担，形成"双导师"制度。学校将指导教师企业实践和技术服务纳入教师考核，并作为晋升专业技术职务的重要依据。通过个人申请、企业推荐的形式选拔师傅，校企优选吃苦耐劳、敬业爱岗、作风正派的能工巧匠、业务骨干、技术负责人等，并纳入师傅资源库。制定师傅考核管理办法，加强师傅之间、专任教师和师傅之间、师徒之间的交流和沟通，加强与师傅所在企业的沟通，将带徒工作纳入企业工作的一部分，为师傅开展工作创造良好环境。目前已经建立了43人双导师教学团队，实现了双导师育人。

利用学校的多媒体教室和校内实习实训基地，企业的真实性生产车间和优质实训设备，实现校企双方优质资源共享，确保了教学和实训场地的双基地。

校企双方在教学和实践过程中，把考核评价工作放在校企两个维度来设计，坚持了"定量与定性""过程与终结"相结合的认证评价体系，对学生进行全方位考核。

通过不断完善和实施"五双一体"的培养机制，形成有力的校企育人保障体系，确保双主体育人落实到位，实现了学校和企业"双主体"育人、教师和师傅"双导师"教学、学生和学徒"双身份"成长，有效提升了人才培养质量。

（四）建立"六共协同"运行机制，打造校企利益共同体

现代学徒制试点的成功与否，关键在于企业的利益与价值在哪里。为了能够吸引企业参与现代学徒制，学校坚持以"校企合作双赢，以他赢为律"为合作原则，坚持以企业赢为先，合作过程中善于站在企业的角度，想企业所想，急企业所急。大北农集团顺应时代发展、抢抓行业机遇，大力发展养猪事业，建立行业标杆，以多种形式发展大规模、现代化高效养殖企业。湖南大北农计划三年之内要达到出栏 1000 万头生猪的目标，需要大量的畜牧兽医专业人才。而永州职业技术学院畜牧兽医专业一直致力于引领生猪产业培养专业人才，走在全省高职院校前列。在这种情况下，学校和企业一拍即合，校企双方成立了畜牧兽医专业现代学徒制试点项目董事会，现代学徒制试点工作的事务由董事会研究决定，共同培养企业所需要的紧缺技术技能型人才，有效弥补企业发展生猪产业人才培养的不足。校企双方通过寻求合作的利益契合点，建立"共商、共育、共建、共担、共享、共赢"的校企合作长效的利益协调与成本分担运行机制，厚植"双赢"的合作基础，创新"校企主体、在岗培养"协同育人管理机制，完善了与现代学徒制相适应的教学运行与质量监控体系，打造了校企利益共同体。

第四节 典型案例介绍

一、典型案例 1：构建"3367"现代学徒制人才培养模式

2017 年 9 月，永州职业技术学院联合湖南大北农农业科技有限公司开展第二批国家现代学徒制试点，我们充分发挥校企双方的资源优势，坚持对接企业畜牧人才培养需求，构建了"三种能力递进、三个环节培养、六个阶段学习、七个环境培育"的"3367"人才培养模式，培养新时代畜牧工匠，实现学校、企业、学徒的共同发展。

（一）实施过程

1. 突出"三种能力递进"，提升学徒制人才培养质量

校企双方尊重学徒学习和职业成长规律，以基础知识学习与专业基本技能训练培养学生（学徒）职业通识能力，以企业岗位课程学习培养学生（学徒）核心岗位能力，以岗位能力拓展课程学习、毕业实习与毕业设计培养学生（学徒）职业综合能力，三种能力递进提升，以获得毕业证书、企业认证和多种职业资格证书（"1+X"）为标准，达到了培养现代化养殖场生产线主管与营销客户主管的人才培养目标，满足企业发展需要（图 9-4、图 9-5）。

图 9-4　颁发企业认证学历证书　　　图 9-5　完成猪场岗位和饲料营销岗位学习

2. 厚植"三个环节培养"，双导师全程参与协同育人

学校导师与企业师傅对学生（学徒）的文化与专业基础知识学习、专业基本技术与技能训练、岗位职业能力培养三个学习环节，全程参与，共同承担教育教学任务，构建理论教学"以需定教"，突出实践教学的理实协同育人机制（图 9-6、图 9-7）。

图 9-6　拜师仪式　　　　　　　图 9-7　手把手传授技艺

3. 采用"六个阶段"工学交替，培养新时代畜牧工匠

采取"校企轮岗、工学交替"的教学组织形式，第一阶段以在学校基础理论课学习为主；第二阶段为在学生入校第 8 周进入企业进行为期 1 周的企业文化与专业素养拓展培训；第三阶段在校内实训中心开展技术技能训练与学习；第四阶段进行企业岗位学习；第五阶段为校内专业综合知识技能提升；第六阶段即入职试用，育训结合。校企双方坚持"以德育人、以文育人、以

技育人、以劳育人"的四育人原则,让学徒在岗位上磨炼和提升,培养现代畜牧工匠(图 9-8～图 9-11)。

图 9-8　入企近距离感知岗位职业要求

图 9-9　学生晚上在企业教室学习

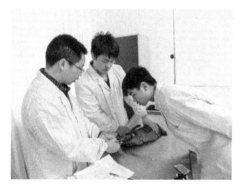

图 9-10　技术技能训练

图 9-11　学徒在猪场耕地劳动

4. 细分"七个学习环境",搭建现代学徒制新型培育平台

校企深度合作,以"共建、共管、共享、共赢"为原则,依据岗位能力培养目标与课程教学需要,将智慧教室、实训中心、现代化养猪场、饲料生产基地、牛羊生产基地、家禽生产基地、畜牧服务市场等七个学习环境搭建成现代学徒制新型教学与培养平台。智慧教室让学徒制班的学生在探讨式自学和互动式教学课堂中发现学习的乐趣,提供了"高效、实效、多维度"的教与学环境(图 9-12)。实训中心主要包括校内实验室与生产性实训基地在内的基本技术技能训练环境(图 9-13)。现代化养猪场及饲料生产基地提供了核心岗位学习环境(图 9-14、图 9-15),牛羊生产基地及家禽生产基地则为专

业拓展能力的提升提供了学习环境，畜牧服务市场既是培养岗位核心能力又是提升岗位拓展能力的学习环境。

图 9-12　智慧教室

图 9-13　校内生产性实训基地

图 9-14　湖南省众仁旺种猪公司

图 9-15　岗位上培养，导师言传身教

（二）实施成效

1. 突出企业主体育人地位，构建了协同育人机制

在现代学徒制试点项目实施过程中，校企双方充分沟通、资源互用、信息共享、密切配合，深刻认识到合作育人在现代学徒制教育模式中的重要地位。学校充分引导和调动企业的积极性，鼓励企业在招生招工一体化、人才培养制度和标准、双导师队伍、管理制度、教学组织与实施、教学评价等各个方面都要全程参与，深化产教融合、校企合作，逐步构建"学校主导、企业主体、联合招生、双师传授、在岗培养、成本分担"一体化协同育人的长效机制，实现资源共享、优势互补、合作共赢、共同发展，满足新时代下企业高质量发展的需要。

2. 提升了人才培养质量，培养了新时代畜牧工匠

经学生自我评价、学校和企业考核评价，现代学徒班学生综合素质明显得到了提升，据初步统计，学徒班在校学习成绩与非学徒班学生的成绩比较有了明显提高，成绩达优秀的为 87.5%，且有 3 个学生获得大北农集团入职直通卡。

二、典型案例 2：深度融合企业文化教育，培养"三农"人才

两年来的试点实践中，我们坚持对接企业的人才培养要求，将"报国兴农、争创第一、共同发展"的企业文化深度融入现代学徒培养中，学徒的学农、爱农、兴农意愿不断增强，职业素养大幅提高，实现了培养学农、爱农、兴农的"三农"人才的目标。

（一）实施背景

由于社会上对畜牧行业的就业环境和前景存在一些偏见，学生就读畜牧专业的积极性不高，而企业对畜牧人才又十分渴求，人才供需矛盾日益凸显。

传统的高职畜牧专业侧重于培养学生的应用性技术技能，学生很少也很难通过学校的教学和管理行为去了解、领会企业的文化精髓，而现代学徒制试点则侧重于将企业文化融入学徒培养全过程。

细究大北农集团从 2 个人、2 万元、2 间房在北京起步，到引领行业发展的历程，其重要法宝之一就是大北农育人、引人、留人的企业文化。因此，我们在试点中，积极探索深度融合企业文化，增强学生学农、爱农、兴农职业信念，寻求破解人才供需矛盾新路径。

（二）实施过程

现代学徒制班级按照准员工的方式开展企业文化教育，以大北农融入大时代，大北农理念，标识、歌曲、仪式及大北农创业征程四大企业文化模块为主线，开展学徒培养（图 9-16～图 9-21）。

1. 企业文化融入课程体系，开展"报国兴农"特训

根据企业需要，把"企业文化与专业素养拓展训练"纳入课程体系，开展"报国兴农"特训，学时为 1 周，共记 2 个学分。

图 9-16　邓云武老师讲解大北农企业文化

图 9-17　赵爱平老师讲解大北农创业精神

图 9-18　参观望城科技园

图 9-19　诵读企业文化手册

图 9-20　进行企业文化考试

图 9-21　企业文化培训颁奖仪式

2. 企业文化融入教学过程，践行"三全"文化育人理念

以大北农文化手册为指导，企业文化融入教学过程，践行全员、全程和全方位的"三全"文化育人理念。同时将企业文化纳入月度考核体系，作为学徒评先、评优的重要指标（图9-22）。

图 9-22　企业高管定期开展企业文化宣讲

3. 企业文化融入学徒管理，实施双班导制

班级管理实施企业班导和校内班导的双班导制，两班导紧密配合，有效跟踪。其主要工作职责是学习组织、生活引导、工作指导以及职业规划辅导，并将大北农的企业文化融入学徒管理，激发学徒学习热情，发挥自我潜能，提升职业技能，帮助他们树立学农、爱农、兴农的职业信念（图9-23～图9-26）。

图 9-23　企业班导钟胜前（前左 4）
与学徒一起

图 9-24　企业班导与导师下宿舍
与学徒谈心

图 9-25　学校班导高仙（中）参与
文化熔炼活动

图 9-26　学校班导和导师下企业
与学徒沟通交流

（三）实施成效

1. 坚定"三农"职业信念，增强行业企业的认同感

与非学徒制班级对比，学徒制班级学徒的"学农、爱农、兴农"职业信念更坚定，学习成效更显著，成绩优良率达到 100％，优秀率达到 87.5％，愿意从事畜牧行业的达 94％（图 9-27）。

图 9-27　学徒在岗位上学习的部分照片

2. 提升了职业竞争力，增强从业的信心

实践证明，学徒们对比同专业学生，快速实现了从知识向技能的转化，将拥有更加强劲的竞争力和从业信心。试点班 16 人全部获得了企业奖学金，并有 3 人获得了大北农集团入职直通卡（图 9-28～图 9-30）。

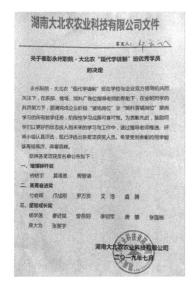

图 9-28　表彰决定文件

图 9-29　全国集团内企业免面试直接入职

图 9-30　励志奖学金证书

三、典型案例3：构建"五双一体"育人模式，培养新时代畜牧工匠

自2017年9月学校与湖南大北农农业科技有限公司联合开展现代学徒制试点工作以来，校企双方按照教育部《关于开展现代学徒制试点工作的意见》的要求积极实践，构建了双主体、双身份、双导师、双基地、双认证的"五双一体"的现代学徒制育人模式。

（一）实施背景

大北农集团为顺应时代和行业发展，实施主营业务从饲料生产向现代化生猪养殖的战略转型，为完成2020年出栏1000万头生猪的目标，迫切需要大量"学农、爱农、兴农"的高素质技术技能人才。学校联合企业开展现代学徒制试点，深入贯彻"深化产教融合，校企合作"的现代职业教育指导思想，积极探索并建立了"五双一体"的现代学徒制育人模式，有效地培养了一批适合企业新时代发展需要的畜牧工匠。

（二）实施过程

1. 明确"双主体"校企育人新责任

建立双主体育人的机构，成立以校长翟惠根教授和大北农集团副总裁周业军为组长的现代学徒制试点工作领导小组，协商共建系列制度文件，明确双方的"双主体地位"以及权利和义务。（图9-31～图9-35）

图9-31　校长翟惠根教授一行到合作企业湖南大北农农业科技有限公司调研考察

图9-32　校长翟惠根教授与大北农集团副总裁周业军签订校企合作协议书

图 9-33　校企共同制定人才培养方案

图 9-34　校企开展人才培养方案修订研讨会

图 9-35　校企导师讨论课程建设和学生管理

2. 彰显"双身份"学生学徒新特征

实行先招生后招工制度，校企共同制定招工标准，严格面试录取流程，签订了三方协议，明确"学生"和"学徒"双重身份（图 9-36、图 9-37），制定了《永州职业技术学院现代学徒制试点班学生（学徒）管理办法》，规范学生"双身份"权益。

图 9-36　企业入校面试招工　　　　图 9-37　签订三方协议书

3. 打造专兼结合"双导师"新团队

校企双方通过学校导师和企业师傅互聘方式打造专兼结合"双导师"新团队，共同承担学徒教学任务（图 9-38、图 9-39）。制定学校导师考核办法，将企业实践和技术服务作为晋升职称的重要依据。制定企业师傅选拔和考核办法，选拔技艺高超的和经培训有一定教学能力的技术骨干作为师傅，将师傅带徒成果作为晋级加薪的重要依据。

图 9-38　企业聘请学校老师

图 9-39　学校聘请企业老师

4. 开展"双基地"现场实景新教学

建立湖南省示范生产性实训基地和校内多功能实训室，保证学生专业基本技能学习（图 9-40）。合作企业真实的市场化生产环境，保证学生岗位职业能力培养。实现校企双方优质资源互补，确保教学和科研探究式教学方式、生产双赢的双基地建设。

图 9-40　示范生产性实训基地

5. 创新"双认证"多方考核新评价

学生考核评价实行企业考核认证和学校考核认证的并行方式，企业考核注重技能的独立操作和迁移使用，学校考核注重知识的理解和综合使用，并结合"定量与定性""过程与终结"进行全方位考核（图 9-41～图 9-43）。

图 9-41　专业知识测试

图 9-42　现场考核答辩

图 9-43　总结汇报

（三）实施成效

1. 构建了校企双主体的"五双一体"的现代学徒制

在现代学徒制试点项目实施过程中，校企共同制定"3367"人才培养模式和"三种能力递进、课证融合"的课程体系，建立先招生后招工的招生招工方案；打造 43 名专兼结合的"双导师"团队；开展工学交替、知行合一的"双基地"教学新范式；创新"双认证"的人才考核评价体系，构建了校企双主体的"五双一体"的现代学徒制。

2. 提高了人才培养质量，孕育了新时代畜牧工匠

经学生自我评价、学校和企业考核评价，现代学徒班学生综合素质明显得到了提升。

四、典型案例 4：对接产业，协同创新，实现多方共赢

为了贯彻落实"对接产业、工学结合、提升质量，推动职业教育深度融入产业链，有效服务经济社会发展"的职业教育发展思路，永州职业技术学院牵头，联合湖南大北农农业科技有限公司、杨凌本香农业产业集团、湖南烟村生态农牧科技股份有限公司、湖南恒惠集团等龙头企业，吸纳相关职业院校、科研院所、企业行业、政府职能部门，共同参与组建湖南现代畜牧养殖职教集团，实现专业链与产业链、课程群与岗位群、企业标准与课程标准三个对接，有效地推进了校企合作，实现双方共赢。

（一）实施背景

受劳动力结构变化，物联网、"互联网＋"等新兴信息技术的影响，畜牧

产业正在经历转型升级的变革。畜牧兽医职业教育要深度融入畜牧产业链，服务经济社会的发展，存在诸多瓶颈。

（1）专业知识和技术的教学总是落后于产业的发展

即行业新技术新工艺等的快速分享机制不畅，行业企业进行了技术革新，而教师的专业知识没有更新，导致传授的知识或技术是陈旧的或者是过时的。

（2）校企合作总是"一头热一头冷"

企业是受利益驱动的，如果没有尝到合作的"甜头"，就会将学校看成"麻烦"，合作热情不高，常常出现学校一方主动联络，企业被动应付的尴尬局面。

（3）人才培养总是赶不上行业企业岗位需求的变化

行业企业岗位需求变化较快，如果没有一个快速的人才需求反馈传导机制，学校就不能快速进行人才培养方案的调整，导致培养的人才与行业实际需求脱节。

（4）人才合作交流机制不畅

学校可能需要企业的技术能手来指导学生实训，企业有时也可能需要学校的学科专家来指导技术攻关，因此，需要一个协作的机构或机制来达成双方的目的。

行业企业需要人才，学校培养人才，这样，学校与行业企业就找到的一个契合点，有了合作的基础，由学校、行业、企业共同参与组成的湖南现代畜牧养殖职业教育集团就应运而生。通过资源整合、协同创新，可望破解校企合作瓶颈，实现多方共赢。

（二）实施过程

1. 机构建设

2013 年 10 月，经湖南省教育厅批准，由永州职业技术学院牵头，组建湖南现代畜牧养殖职业教育集团。目前，集团加盟单位有 56 家，其中高职院校 7 所、中职学校 6 所、企业 43 家。集团以资源共享、优势互补、互惠互利、共同发展为宗旨，以平等协商、合作交流、项目驱动、携同创新为准则，以推进湖南省养殖业产业化和承接产业转移为目标，以校际合作、校企合作和产学结合为主要形式。

2. 制度建设

建立健全职教集团运行机制，制定《湖南现代畜牧养殖职业教育集团章程》，对集团的工作任务、成员单位的权利义务、经费和资产管理等做了明确规定，为集团各项工作的顺利开展奠定了基础。

3. 交流平台建设

（1）利用现代通信工具，建立即时交流平台

利用QQ、微信等即时通信软件和手机等工具建立"职教集团专家群""生猪产业协同创新讨论组""3D虚拟实境开发讨论组""舜皇山土猪生产标准开发交流群""集团交流网站"……通过这些平台，实现信息的快速即时交流与共享，破解"学校、行业、企业沟通不畅"的瓶颈。

（2）年会制度，建立实时沟通渠道

职教集团自成立以来，每年召开一次年会，通过举办年会，搭建起一个现场交流的平台，学校、行业、企业多方共同探讨行业发展现状，共商人才培养和校企、校校、企企合作机制，破解"人才培养目标不明、人才交流合作不畅"的瓶颈。

4. 协同创新

（1）生产标准开发

五年来，永州职业技术学院与杨凌本香农业产业集团合作开发了《安全猪肉生产标准》，与唐人神集团合作开发了《智能化养猪生产技术操作规程》，与湖南恒惠集团合作开发了《舜皇山土猪生产操作规程》，与湖南大北农农业科技有限公司合作开发了现代学徒制试点班"现代化猪场生产流程""猪场健康与兽医临床技术体系""饲料加工与检测技术""安全猪产品生产监测与控制""现代化猪场生态环境""动物营养"等6门课程的课程标准。通过合作开发，学校能够实现课程标准与生产标准的紧密对接；企业能够规范生产过程，提升产品规格。

（2）区域优质资源开发

永州职业技术学院与湖南恒惠集团合作共同组建湖南舜皇山土猪种质资源创新与利用工程研究中心，充分挖掘舜皇山土猪优质资源，有效保护舜皇山土猪种群，做大做强本地品牌，让企业尝到了合作的甜头，破解了校企合作总是"一头热一头冷"的瓶颈。

（3）特色教材开发

杨凌本香农业产业集团在生猪全产业链安全猪肉生产方面独树一帜，江苏牧羊集团为世界 500 强企业，在饲料机械畜牧设备集成方面很有成效，湖南新湘农集团为国内智能化养猪的先行者并有自己的智能化饲喂站生产公司。永州职业技术学院与这些行业顶尖企业共同开发了《安全猪肉生产与监控》《智能化猪场建设与环境控制》《智能化猪生产》等教材，紧密对接生产过程，符合职业教育深度融入产业链的职教发展思路。

（4）生产性实训基地建设

永州职业技术学院联合江苏牧羊集团、青岛大牧人机械股份有限公司、深圳市润农科技有限公司、湖南大北农农业科技有限公司等共同研究生产性实训基地的提质改造方案，新建了一条具有行业先进水平的智能化生产线。

（三）实施成效与经验

集团化办学是职教集团的主要任务，校企合作是它的主要内容，也是职业教育赖以生存和发展的法宝，是创新人才培养模式、提高教育教学质量的重要途径，是提升职业教育品牌、提升竞争力的有效方法和途径。湖南现代畜牧养殖职业教育集团自成立以来，各成员积极参与，共同探索，取得了一些成绩。

1. 共建了一条生产线

永州职业技术学院在校内生产基地建成了与校外生产企业一致的智能化养猪生产线（图 9-44）。

图 9-44　智能化养猪生产线

2. 申报了两项发明专利（图 9-45）

图 9-45　申报的两项专利

3. 制定了三个生产标准

校企合作制定了《舜皇山土猪生产操作规程》《安全猪肉生产标准》《智能化养猪生产技术操作规程》三个生产标准（图 9-46）。

图 9-46　制定的企业生产标准

4. 开发了四本特色教材

共开发了《安全猪肉生产与监控》《智能化猪场建设与环境控制》《猪病防治》《智能化养猪生产技术操作规程》等四本与行业标准对接的特色教材

（图 9-47）。

图 9-47 与行业标准对接的教材

从职教集团近五年的运营情况来看，学校、行业、企业只要找准了契合点，做大共同利益蛋糕，现代畜牧养殖职教集团将大有可为。

（四）体会与思考

职教集团中多数企业由于对校企合作缺乏战略思考和实践经验，在校企合作中处于消极被动状态，使校企合作陷于有"合"无"作"的状态，最终成为企业对学校的"公益支出"或功利性投资。职教集团内部联系相对松散，成员间的契约关系缺乏约束力，集团化发展缺乏核心能力。少数企业成员单位参与合作的意愿不强，校企合作往往停留于较浅的层次，合作范围不宽，局限于就业、人才培养、基地建设等方面。

职业教育集团化办学要实现持续、优质、快速、和谐发展，仅靠牵头院校自身的努力仍不够，还需要政府部门制定相关政策制度，加强调控，建立由行业企业多方参与的动力机制与协调机制，实现校企政互动、资源优化整合，使以能力为本位的职业教育得以在各个层面上展开。政府部门通过创设环境、搭建平台、制定政策、提供信息服务等，引导职业教育机构面向市场，搞活机制，自主办学。教育部门的学历证书与劳动部门的职业资格证书相互融通转换，教育体系和培训体系相互衔接沟通，学校教育资源和企业、社会培训机构资源相互整合，打破隶属关系的限制进行资源重组。政府利用政策杠杆和市场机制，鼓励企业、职业院校开展多层次、多样化的合作。

附　　录

现代学徒制畜牧兽医专业企业师傅
遴选标准与工作职责

为进一步落实现代学徒制双主体育人、双导师育人的核心要素，提高人才培养质量，现对企业师傅遴选标准及工作职责进行明确。

一、企业师傅遴选标准

1. 政治思想表现好，具备较好的职业道德，品行端正。

2. 具有良好的协作意识，工作积极，具有奉献精神。

3. 技能水平需达到高级工及以上水平，善于沟通表达、责任心强、具备言传身教的能力。

4. 能服从企业和学校的管理，遵守企业和学校的各项教学规章制度。

5. 有成功带新员工经验或被评选为优秀员工者优先。

6. 从事畜牧养殖行业五年以上，是湖南大北农农业科技有限公司正式员工，在湖南众仁旺种猪科技有限公司驻场员工可优先考虑。

7. 是猪生产或饲料生产与销售的某个岗位的技术骨干，有较丰富的岗位教学与管理经验。

二、企业师傅工作职责

1. 认真做好学生的日常考勤和管理工作，加强职业道德、劳动纪律和企业文化等方面的教育，培养学生文明、守纪的良好习惯。

2. 负责指导学生熟悉岗位工作环境和防护设施，负责对学生进行安全生产教育，提高学生的自我保护能力，采取有效措施防止学生在实习中受到伤害和发生安全事故。

3. 认真做好对学生技能训练的指导和各技术环节的示范，使学生尽快掌握实际操作技能，严格要求学生，并经常进行提问、讲解与指导。

4. 认真听取学校和湖南大北农农业科技有限公司及湖南众仁旺种猪科技有限公司的意见，采取措施及时解决岗位实践教学指导中存在的问题，不断提高教学质量。

5. 督促学生及时填写《永州职业技术学院现代学徒制岗位学习手册》，对学生阶段性学习的小结进行评价。

6. 按照学生实习信息通报制度，定期向学校、企业、学生家长通报交流学生学习情况。

7. 配合学校和第三方评价机构，对学生进行岗位学习评价考核。

8. 认真完成企业领导交办的其他工作任务。

9. 遵守并执行《永州职业技术学院现代学徒制双导师队伍建设实施方案》。

现代学徒制畜牧兽医专业学校导师
遴选标准与工作职责

为进一步落实现代学徒制双主体育人、双导师育人的核心要素，提高人才培养质量，现对学校导师遴选标准及工作职责进行明确。

一、学校导师遴选标准

1. 能较好地遵守教师职业道德规范，以身作则，为人师表。

2. 工作认真负责，善于沟通表达，具备言传身教的能力，德才兼备。

3. 学校的现任教师，工作经历满五年，年龄55周岁以下，身心健康，具有大学本科及以上学历或中级及以上专业技术职务，具有相应的职业资格证书。

4. 学校导师应该是教研室骨干教师，院级或省级青年骨干教师可优先。

5. 具有良好的职业道德和协作意识，遵守学校和企业的各项规章制度，积极参与现代学徒制工作，责任心强。

6. 具备"双师型"教师素质，具有企业实践经历，业务基础扎实，熟悉所任教课程涉及的岗位对知识、技能和基本素质的要求。教学水平高且具有一定的课题研究、课程开发与实施能力。

二、学校导师工作职责

1. 树立为教学服务、为学生服务的思想，坚持把培养高素质、高技能、创新型人才作为工作目标。

2. 努力学习新知识，拓宽知识面，参加企业生产锻炼，不断提升自身业务能力、技术水平和实践教学水平。

3. 教育学生在岗位学习期间遵守企业各项工作制度，培养学生养成文明、守信的良好职业素养。

4. 指导学生加强专业理论学习，完成人才培养方案中在企业授课的规定教学任务，及时耐心地解答学生提出的问题。

5. 配合企业师傅做好岗位技能训练和各生产环节的实践教学，帮助学生顺利完成岗位学习任务，并取得理想成绩。

6. 指导学生填写《永州职业技术学院现代学徒制岗位学习手册》。

7. 认真听取企业师傅和领导意见，发现岗位实践教学中存在的问题并及时向学校汇报，以积极的态度沟通解决。

8. 与企业导师共同对学生岗位学习做出考核评价。

9. 认真完成学校和企业交给的其他工作。

10. 遵守并执行《永州职业技术学院现代学徒制双导师队伍建设实施方案》。

现代学徒制企业师傅聘任与管理办法（试行）

为保证我院现代学徒制试点工作的教育教学质量，规范企业师傅的遴选与管理，完善校企联合双导师培养模式，根据现代学徒制的教学特点和我院教学的实际需要，特制订本办法。

一、聘任条件

（一）遵守职业道德规范、品行端正、敬业爱生、教书育人、严谨治学、为人师表。

（二）善于表达沟通、责任心强，具备承担本专业教学的业务能力和教学能力。

（三）具备三年及以上企业岗位工作经历，并具备职业岗位从业资质。

（四）具备大专及以上学历，能通过理论联系实际解答问题和辅导学生（学徒），表达讲解清楚。

（五）具有中级及以上专业技术职称或取得高级及以上职业资格等级证书。

（六）比较熟悉专业所对应职业的岗位、技术、工艺和发展方向与趋势。

（七）年龄 50 周岁以下，身体健康。

二、遴选标准

（一）能力素养

1. 具有良好的思想和政治素质，能较好地遵守职业道德规范。

2. 工作认真负责，爱岗敬业，以身作则。

3. 肯于助人为乐，敢于严格要求，善于"传帮带"。

4. 具有一定的语言组织表达能力，善于沟通，具备言传身教的能力。

（二）工作经验

1. 从事本岗位工作三年以上。

2. 拥有从业职业资格证书。

3. 有过成功带新员工的经验，获得县级以上劳动奖者优先。

（三）技能水平

1. 具有较强的动手能力，具备熟练的生产岗位操作能力。

2. 具备岗位所需的其他相关领域的知识和技能。

三、工作职责

（一）严格按照现代学徒制人才培养方案实施教学，帮助学生（学徒）达到岗位要求，按规定完成对学生（学徒）的考核和成绩评定工作。

（二）按时提交相关教学材料（教学计划、课件、教案等）。

（三）参与现代学徒制试点专业的教学研讨、人才培养方案制定等，与学校导师交流合作，能制定以企业岗位能力为目标的教学要求、教学计划、教学内容、课程标准等，并编写校本教材。

（四）负责指导学生（学徒）熟悉工作环境和防护设施，提高学生（学徒）的自我保护能力，采取有效措施防止学生（学徒）在实训中受到伤害和发生安全事故。

（五）负责对学生（学徒）的职业道德、职业态度、劳动纪律和企业文化等的教育，培养学生（学徒）养成现代企业 6S 管理的良好习惯。

（六）负责学生（学徒）毕业设计的指导工作。

（七）配合学院和第三方评价机构，对学生（学徒）进行岗位评价考核。

四、考核

为提高企业师傅的积极性，创新激励机制。学院和企业按照现代学徒制教学的基本要求并结合学生（学徒）的评价对企业师傅进行综合考核，按现代学徒制企业师傅考核评价标准进行考核，考核的结果记入企业师傅的业务档案，考核结果不合格者取消企业师傅资格。

五、工作待遇

（一）集中授课的课酬标准，由二级学院与企业协商制定。

（二）企业师傅带徒弟的课酬标准，由二级学院根据企业师傅所带学徒人数并结合学徒的评价结果分级制定。

（三）企业师傅在考核合格后，可享受带徒专项津贴等待遇，具体标准由二级学院与企业协商制定。

（四）企业师傅享受与院内教师同等的进修、交流学习、培训等机遇和待遇。

（五）企业师傅具有院内评优、评先的资格，享受与院内教师同等的奖励。

六、附则

（一）本办法由学院组织人事部负责解释。

（二）本办法自文件下发之日起正式生效。

现代学徒制试点班学生（学徒）管理办法（试行）

第一章　总　则

第一条　为规范学生（学徒）管理行为，维护学校和企业正常的教育教学秩序和生活秩序，保障学生（学徒）合法权益，培养德、智、体、美、劳全面发展的时代新人，提高学生（学徒）综合素质与岗位技能，加强学习管理，依据教育法、高等教育法以及有关法律法规，特制定本管理办法。

第二条　管理对象：学徒制试点班学生（学徒）。

第三条　学校要坚持社会主义办学方向，全面贯彻国家教育方针；要坚持以立德树人为根本，以理想信念教育为核心，培育和践行社会主义核心价值观，弘扬中华优秀传统文化和革命文化、社会主义先进文化，培养学生（学徒）的社会责任感、创新精神和实践能力；要坚持依法治校，科学管理，健全和完善管理制度，规范管理行为，将管理与育人相结合，不断提高管理和服务水平。

第四条　学生（学徒）应当拥护中国共产党的领导，努力学习马克思列宁主义、毛泽东思想、新时代中国特色社会主义理论体系，深入学习习近平总书记系列重要讲话精神和治国理政新理念、新思想、新战略，坚定中国特色社会主义道路自信、理论自信、制度自信、文化自信，树立中国特色社会主义共同理想；应当树立爱国主义思想，具有团结统一、爱好和平、勤劳勇敢、自强不息的精神；应当增强法治观念，遵守法律法规，遵守公民道德规范，遵守学校管理制度，具有良好的道德品质和行为习惯；应当刻苦学习，勇于探索，积极实践，努力掌握现代科学文化知识和专业技能；应当积极锻炼身体，增进身心健康，提高个人修养，培养审美情趣。

第五条　管理原则：实行企业化管理。尊重和保护学生（学徒）的合法权利，教育和引导学生（学徒）承担应尽的义务与责任，鼓励和支持学生

（学徒）实行自我管理、自我服务、自我教育、自我监督。

第二章　组织与管理

第六条　学生（学徒）依法享有下列权利：

（1）参加学校及企业教育教学计划安排的各项活动，使用学校及企业提供的教育教学资源的权利；

（2）参加社会实践、志愿服务、勤工助学、文娱体育及科技文化创新等活动，获得就业创业指导和服务的权利；

（3）申请奖学金、助学金及助学贷款的权利；

（4）在思想品德、学业成绩等方面获得科学、公正评价，完成学校及企业规定学业后获得相应的学历证书、学位证书、企业实践证书的权利；

（5）组织、参加学生（学徒）团体，以适当方式参与学校及企业管理，对学校、企业与学生（学徒）权益等相关事务享有知情权、参与权、表达权和监督权；

（6）对学校及企业给予的处理或者处分有异议时，向学校、教育行政部门、企业提出申诉的权利，当学校、教职员工、企业、企业员工侵犯学生（学徒）人身权、财产权等合法权益时，提出申诉或者依法提起诉讼的权利；

（7）法律、法规、学校章程、企业管理制度规定的其他权利。

第七条　学生（学徒）依法履行下列义务：

（1）遵守宪法和法律法规；

（2）遵守学校及企业的章程和规章制度；

（3）恪守学术道德，完成规定学业；恪守职业道德，完成各岗位技能任务；

（4）按规定缴纳学费及相关费用；

（5）遵守学校及企业行为规范，尊敬老师和师傅，养成良好的思想品德和行为习惯；

（6）法律法规、学校章程及企业章程规定的其他义务。

第八条　企业轮岗管理要求：

（1）遵守湖南众仁旺种猪科技有限公司生物安全制度，按照标准流程对物品和人员进行消毒。不私自采买牛肉、羊肉、猪肉等带蹄类动物及制品。

个人须消毒、更衣后才可进入生产车间。

（2）进入生产车间后，严守公司安全管理制度；生产车间内的仪器仪表、设备设施未经带教老师的培训和允许，不得私自动用。

（3）遵守湖南众仁旺种猪科技有限公司行政管理制度；做到不私自外出，遵守公司作息时间，节约水电，倡导光盘行动。

（4）严格遵守公司的考勤管理制度，按程序办理请假手续。员工请假1天（含）以内者，由生产线主管审批确认即可，如遇主管领导不在，可直接向场长申请审批。员工请假2天及以上者，直接由生产线主管初审，场长审批确认，再由公司领导按级别逐级报批。员工填写请假单，经各部门领导审批后交由办公室备案归档。如果请假时间较长，必须交接好工作，确保猪场人员配备和工作的连续性。

第三章　考核制度

第九条　学校考核与成绩记载

（1）学生（学徒）应当参加学校教育教学计划规定的课程和各种教育教学环节（以下统称课程）的考核，考核成绩记入成绩册，并归入学籍档案。考核分为考试和考查两种。考核和成绩评定方式，以及考核不合格的课程是否重修或者补考，由学校规定。

（2）学生（学徒）思想品德的考核、鉴定，以本规定第四条为主要依据，采取个人小结、师生民主评议等形式进行。学生（学徒）体育成绩的评定要突出过程管理，可以根据考勤、课内教学、课外锻炼活动和体质健康等情况综合评定。

（3）学生（学徒）每学期或者每学年所修课程或者应修学分数以及升级、跳级、留级、降级等要求，由学校规定。

（4）学生（学徒）根据学校有关规定，可以申请辅修校内其他专业或者选修其他专业课程；可以申请跨校辅修专业或者修读课程，参加学校认可的开放式网络课程学习。学校对学生（学徒）修读的课程成绩（学分），经审核同意后，予以承认。

（5）学生（学徒）参加创新创业、社会实践等活动以及发表论文、获得专利授权等与专业学习、学业要求相关的经历、成果，可以折算为学分，计入学业成绩，具体办法由学校规定。学校应当鼓励、支持和指导学生（学徒）参加社会实践、创新创业活动，可以建立创新创业档案、设置创新创业学分。

（6）学校应当健全学生（学徒）学业成绩和学籍档案管理制度，真实、完整地记载、出具学生（学徒）学业成绩，对通过补考、重修获得的成绩，应当予以标注。学生（学徒）严重违反考核纪律或者作弊的，该课程考核成绩记为无效，并应视其违纪或者作弊情节，给予相应的纪律处分。对于受警告、严重警告、记过或留校察看处分的，经教育，表现较好者，可以给予补考或者重修机会。学生（学徒）因退学等情况中止学业，其在校学习期间所修课程及已获得的学分，应当予以记录。学生（学徒）重新参加入学考试、符合录取条件，再次入学的，其已获得的学分，经录取学校认定，可以予以承认。具体办法由学校规定。

（7）学生（学徒）应当按时参加教育教学计划规定的活动。不能按时参加的，应当事先请假并获得批准。对于无故缺席者，根据学校有关规定给予批评教育，情节严重的，给予相应的纪律处分。

（8）学校应当开展学生（学徒）诚信教育，以适当方式记录学生（学徒）学业、学术、品行等方面的诚信信息，建立对失信行为的约束和惩戒机制；对有严重失信行为的，可以按规定给予相应的纪律处分，对违背学术诚信的，可以对其在获得学位及学术称号、荣誉等方面做出限制。

第十条　企业考核和成绩记载

（1）学生（学徒）考核由相关职能部门及相关岗位组织实施。

（2）考核内容以专业技能、心态、责任感、效率、学习力及企业文化融入等方面为主；对培训情况、工作状况、工作态度和工作绩效等方面进行全面系统的评价。

（3）具体考核依据包括：学生（学徒）的岗前培训记录；直接主管记录的员工工作过程中的关键行为和指标；定期的工作汇报、日常总结资料；同一团队的评价，相关部门及团队的反馈意见和证明材料；主管与员工沟通过程中积累的有关信息；直接产生的工作绩效；跟岗培训期间的考评结果等。

（4）学生（学徒）考评形式：周、月工作报告，文化、制度、心态、沟通、专业知识测评等。

（5）学生（学徒）考核结果包括评语和等级（A、B、C、D）两部分。

优秀（A）：在培训期间各方面都表现突出，尤其是在跟岗工作绩效方面超出了对学徒的一般工作要求；

良好（B）：各方面超过对学徒的普通要求；

合格（C）：各方面达到对学徒的基本要求；

不合格（D）：未达到对学徒的基本要求。

（6）考核结果决定学生（学徒）的奖惩。

第十一条　注意事项

（1）有下列情况之一者，在某岗位期间不评 A。

①工作时间擅离工作岗位或睡觉的；

②工作时间做与工作无关的其他事情且屡教不改者；

③在工作场所喧哗、嬉戏、吵闹，妨碍他人工作且不听劝告的；

④失职或违反操作规程、造成事故或损失，情节较轻的；

⑤无正当理由，不服从工作分配、调动、指挥的，或无理取闹，影响生产工作秩序，但经教育能及时改正的；

⑥工作责任心不强、学习态度不好的。

（2）有下列情况之一者，在某岗位期间不评 B 或 B 以上。

①对同事恶意攻击或诬告，制造事端的；

②被发现抽烟、酗酒的；

③擅自询问他人工资情况的；

④擅离职守，不如期完成岗位任务的。

（3）有下列情况之一者，在某岗位期间考评为 D。

①对同事进行暴力威胁、恐吓，殴打同事或参与打架斗殴的；

②在猪场或宿舍内赌博的；

③盗用、挪用、故意毁坏公司、同事的资产与财物的；

④煽动怠工或罢工的；

⑤携带管制刀枪及其他危险违禁品进入公司（场区）的；

⑥捏造、歪曲事实或传播猪场负面信息的；

⑦无故连续旷工达到或超过 2 天或学年内累计旷工时间超过 5 天的；

⑧不服从工作安排和调动、指挥，或无理取闹，严重影响生产与工作秩序的；

⑨其他严重影响公司生产经营活动的行为。

第十二条　效果评估

每阶段岗位培训结束后要求学生（学徒）提交培训小结，总结在思想、知识、技能、作风等方面的进步；培训负责人（师傅，直接主管）须结合参训学生（学徒）的实际表现做出总鉴定，与培训成绩一起记入学生（学徒）岗位学习考核记录。

第四章　奖励与处分

第十三条　学校、省（区、市）和国家有关部门应当对在德、智、体、美、劳等方面全面发展或者在思想品德、学业成绩、科技创造、体育竞赛、文艺活动、志愿服务及社会实践等方面表现突出的学生（学徒），给予表彰和奖励。

第十四条　对学生（学徒）的表彰和奖励可以采取授予"三好学生（学徒）"称号或者其他荣誉称号、颁发奖学金等多种形式，并给予相应的精神鼓励或者物质奖励。

学校对学生（学徒）予以表彰和奖励，以及确定推荐免试研究生、国家奖学金、公派出国留学人选等，应当建立在公开、公平、公正的程序和规定之上，还应建立和完善相应的选拔、公示等制度。

第十五条　对有违反法律法规、本规定以及学校纪律行为的学生（学徒），学校应当给予批评教育，并可视情节轻重，给予如下纪律处分：

（1）警告；

（2）严重警告；

（3）记过；

（4）留校察看；

（5）开除学籍。

第十六条　学生（学徒）有下列情形之一，学校可以给予开除学籍处分：

（1）违反宪法，反对四项基本原则、破坏安定团结、扰乱社会秩序的；

（2）触犯国家法律，构成刑事犯罪的；

（3）受到治安管理处罚，情节严重、性质恶劣的；

（4）代替他人或者让他人代替自己参加考试、组织作弊、使用通信设备或其他器材作弊、向他人出售考试试题或答案牟取利益，以及有其他严重作弊或扰乱考试秩序行为的；

（5）学位论文、公开发表的研究成果存在抄袭、篡改、伪造等学术不端行为，情节严重的，或者代写论文、买卖论文的；

（6）违反本规定和学校规定，严重影响学校教育教学秩序、生活秩序以及公共场所管理秩序的；

（7）侵害其他个人、组织合法权益，造成严重后果的；

（8）屡次违反学校规定受到纪律处分，经教育不改的。

第十七条　学校对学生（学徒）做出处分，应当出具处分决定书。处分决定书应当包括下列内容：

（1）学生（学徒）的基本信息；

（2）做出处分的事实和证据；

（3）处分的种类、依据、期限；

（4）申诉的途径和期限；

（5）其他必要内容。

第十八条　学校给予学生（学徒）处分，应当坚持教育与惩戒相结合，应当与学生（学徒）违法、违纪行为的性质和过错的严重程度相适应。学校对学生（学徒）的处分，应当做到证据充分、依据明确、定性准确、程序正当、处分适当。

第十九条　在对学生（学徒）做出处分或者其他不利决定之前，学校应当告知学生（学徒）做出决定的事实、理由及依据，并告知学生（学徒）享有陈述和申辩的权利，且听取学生（学徒）的陈述和申辩。

第五章　附　则

第二十条　本学徒制试点班管理办法与国家政策或所在地的地方政策相抵触时，以政策规定为准。

第二十一条　本管理制度仅适应学徒制试点班学生（学徒）。

现代学徒制学校导师聘任与管理办法（试行）

为保证我院现代学徒制试点工作的教育教学质量，规范学校导师的聘任与管理，完善校企"双导师"培养模式，根据现代学徒制教学特点和我院教学的实际需要，特制定本办法。

一、聘任条件

（一）遵守职业道德规范、品行端正、爱岗敬业、教书育人、严谨治学、为人师表。

（二）善于沟通表达、责任心强，具备承担本专业教学的业务能力和教学能力。

（三）取得教师资格证，具备本科及以上学历并取得中级及以上专业技术职称，从事教学工作五年以上。

（四）具备"双师"素质，有相关的企业工作经历或实践经验。

（五）年龄 55 周岁以下，身体健康。

二、工作职责

（一）严格按照现代学徒制人才培养方案实施教学，主动进入企业一线学习专业技能，熟悉企业的岗位工作任务和流程，按教学要求完成对学生（学徒）的考核和成绩评定工作。

（二）按时提交相关教学材料（教学计划、课件、教案等）。

（三）参与现代学徒制试点专业的教学研讨、人才培养方案制订等，与企业师傅交流合作，能制定以企业岗位能力为要求的教学目标、教学计划、教学内容、课程标准等，能编写校本教材。

（四）负责指导学生（学徒）熟悉工作环境和爱护设施，提高学生（学徒）的自我保护能力，采取有效措施防止学生（学徒）在实训中受到伤害和发生安全事故。

（五）负责对学生（学徒）的职业道德、劳动纪律和企业文化等进行教育，培养学生（学徒）文明、守纪、敬业的职业素养。

（六）负责学生（学徒）毕业设计的指导工作。

三、考核

学院和企业按照现代学徒制教学的基本要求并结合学徒的评价对学校导师进行综合考核，考核的结果记入学校导师的业务档案，作为年终评优评先和职称晋升的依据之一，对考核结果不合格者取消校内导师资格。

（一）教学考核

教学考核主要考核导师的职业道德、教学工作量、教学组织、信息化教学及教学效果等。一学年两次教学考核，平均得分按 70％ 的权重计入考核总分。

（二）教研科研考核

教研科研考核主要考核导师的教研、科研、专业建设与改革和成果等，每学年考核一次，考核时段为上一年度的 7 月 1 日至本年度的 6 月 30 日。教研科研考核得分按 30％ 的权重计入考核总分。

四、工作待遇

（一）线上、线下授课的课酬标准，由二级学院与企业协商制定。

（二）学校导师到企业授课的，差旅费和生活费补贴按学院有关规定报销。

（三）学校导师在同等条件下优先享有进修、培训、评优等权利。

五、附则

（一）本办法由学院组织人事部负责解释。

（二）本办法自文件下发之日起正式生效。

现代学徒制学生(学徒)弹性学制管理办法(试行)

第一章 总 则

第一条 为了进一步完善学分制管理，促进学生（学徒）的全面发展和个性发展，根据《教育部关于开展现代学徒制试点工作的意见》（教职成〔2014〕9号）（以下简称《意见》）和《永州职业技术学院学分制试行办法》，特制定本办法。

第二条 现代学徒制专业正常学制为3年。

第三条 正常学制为3年的现代学徒制专业学生（学徒）弹性学制为2到4年。

第四条 学生（学徒）可以根据自己的实际情况，在弹性学制内，自主安排学习，提前或推后完成学业，取得相应的学分。

第二章 提前毕业

第五条 现代学徒制专业学生（学徒）提前1年完成了应修学分，可申请提前毕业。但学生（学徒）岗位培训不得少于6个月，且各学期企业考核均为优秀等级，学校学习时间不得少于1年。

第六条 申请提前毕业，按照以下程序办理相关手续：

（一）申请提前毕业的学生（学徒），要在第三学期的第3—5周内，填写《永州职业技术学院代学徒制专业学生（学徒）提前毕业申请表》一式三份，并向学院教务处和合作企业人力资源部提交提前毕业申请。教务处和合作企业人力资源部进行初审后，报送分管教学副院长和合作企业分管副总裁。

（二）分管教学副院长和合作企业分管副总裁对申请提前毕业学生（学徒）的学籍、成绩、表现进行复审，将复审结果通知学院教务处和合作企业人力资源部，并由教务处和人力资源部进行公示。公示无异议者，报学院领导和企业高层审批后进入待毕业程序。

（三）进入待毕业程序的学生（学徒），由教务处安排继续学习，未修足学分的课程，合作企业安排学生（学徒）到需要加强实操训练的岗位继续学习。

（四）每年6月份，申请提前毕业的学生（学徒）参加当年学院统一进行的毕业资格审核，符合毕业条件者，颁发毕业证书。

（五）已申请提前毕业的学生（学徒），因某种原因未通过毕业资格审查的，不颁发毕业证书，可申请正常毕业或延长修业年限。

第七条　因学籍变更（包括转专业、休学等）而转入其他年级或非现代学徒制专业的学生（学徒），在以后的修读过程中提前修完应修学分，也可以按上述程序申请提前毕业。

第八条　提前毕业以超前1年为限，学生（学徒）不得申请提前1年以上毕业，也不得申请提前不足1年毕业。

第九条　提前毕业的学生（学徒）应按正常学制缴纳学费。

第三章　延长修业年限

第十条　符合以下情况之一者，可申请延长学制：

（一）现代学徒制专业学生（学徒）在正常学制时间内，未修够课程计划规定的理论课学分或合作企业考核为不合格的不能按期毕业的，可申请延长学制，继续完成规定的理论课和企业规定的岗位学习，获得相应学分，通过毕业资格审查而延迟获取毕业证书。

（二）现代学徒制专业学生（学徒）在弹性学制内，因自己的学习、家庭和生活实际或其他原因，需要通过延长学制的方式完成学业，达到毕业条件者。

（三）主修专业达到毕业条件，需继续辅修专业（专修方向）者。

第十一条　申请延长修业年限，按以下程序办理相关手续：

（一）学生（学徒）本人向教务处和企业人力资源部提出申请，填写《永州职业技术学院学生（学徒）延长修业年限申请表》。属于第十条第一种情况的，在每年6月底以前，提交申请和《永州职业技术学院现代学徒专业学生（学徒）延长修业年限申请表》，教务处和企业人力资源部进行初审；符合第十条第二、三种情况的，在正常学制的最后一学期开学后两周内，提交申请和《永州职业技术学院现代学徒专业学生（学徒）延长修业年限申请表》，由教务处和企业人力资源部进行初审。

（二）教务处和企业人力资源部对提交申请的学生（学徒）的学籍和成绩进行初审后，交分管教学副院长和合作企业分管副总裁审核，对符合条件者予以批准，由教务处通知学生（学徒）本人。

第十二条　延长修业年限的学生（学徒），应按照就读年级当年专业收费标准或修读课程的学分缴纳学费，不按时缴费者，取消其延长修业资格，按学籍管理相关规定作结业或肄业处理。

第十三条　现代学徒制专业学生（学徒）在延长修业期间，原所学专业的专业类别不得申请变更。

第十四条　延长修业年限的学生（学徒）保留学籍。教务处和企业人力资源部要加强对延长修业年限学生（学徒）的学习管理，关心他们的学习和生活状况，帮助他们按时完成学业。

第十五条　学生（学徒）在最长修业年限内仍未完成学业的，作结业或肄业处理。

第四章　推迟毕业

第十六条　现代学徒制专业学生（学徒）在正常学制内完成了规定的学分，但由于违反校纪校规和企业的规章制度被作推迟毕业处理的，须推迟毕业。

第十七条　推迟毕业分为推迟1年毕业和推迟半年毕业。推迟1年毕业的学生（学徒），当年不予毕业注册，1年后注册毕业；推迟半年毕业的学生（学徒），当年予以注册，但毕业证书缓发半年。

第五章　附　则

第十八条　本办法自发文之日起实施，由学院教务处和企业人力资源部负责解释。

现代学徒制专业建设指导委员会章程（试行）

第一章　总　则

第一条　为加强我院现代学徒制专业建设和人才培养，进一步促进现代学徒制专业教学工作的民主管理、民主监督和科学决策，提高现代学徒制专业教育教学质量，特成立永州职业技术学院现代学徒制专业建设指导委员会（以下简称"专指委"），并制定本章程。

第二条　专指委是学院现代学徒制专业建设、产教融合、校企合作等教学研究的学术组织，也是指导学院现代学徒制专业建设工作的专家型组织。

第三条　专指委是在学院领导下进行专业建设咨询、评议、评审的机构。

第四条　专指委应在党的教育方针、政策和有关法规的指导下，以科学、民主、公正的态度，积极推进现代学徒制专业建设工作的开展。

第五条　专指委针对专业建设及教学等方面工作提出的各种建议和意见，经学院批准后，由系部实施。

第六条　专指委要坚持走产教融合、校企合作的教学改革之路，认真研讨新时代高职教育中出现的新情况、新问题，指导专业建设和课程改革。

第二章　组织机构

第七条　专指委由5—9名相关领域的专家、技师（师傅）、高级管理人员及专业学术水平高、教学经验丰富的教师、教学管理人员等组成。设主任委员1人、副主任委员1人、秘书1人、委员若干人。主任委员由系主任或由系主任指定的人员担任。其日常办公地点设在所在系办公室，以系为单位开展活动。

第八条　专指委组成人员由学院和企业提名（其中企业专家人员比例原则上应达到30％以上），经院长办公会批准后，由院长聘任。聘期3年，可以连任。

第九条　专指委原则上每年开展2次活动，经主任委员提议可以临时召开专题工作会议。

第三章　工作职责

第十条　根据社会经济及行业发展的需求，研究现代学徒制专业建设与改革方案，指导专业建设，审议专业发展规划。

第十一条　讨论现代学徒制专业人才培养方案，负责向学院专指委提交现代学徒制试点专业改革的可行性报告。

第十二条　研究现代学徒制实践教学基地建设方案，负责向学院专指委提交现代学徒制专业的实验室建设、实训教学基地建设规划。指导专业实验室建设、实训教学基地建设。

第十三条　开展与现代学徒制专业密切相关的课程、师资队伍建设研究，审议现代学徒制师资队伍建设和教材建设规划，提出改进意见和建议。

第十四条　向学院专指委提交现代学徒制专业的课程教学内容和岗位培训计划。

第十五条　审议现代学徒制专业的课程标准。

第十六条　对现代学徒制专业建设工作中的重大问题开展调查研究，提供调查报告。

第四章　委员的权利和义务

第十七条　委员有下列权利：

（一）在专指委中有发言权、辩论权、表决权；

（二）对专指委的工作有建议权和批评权；

（三）对职责范围内的工作有调查权、查阅有关档案资料权；

（四）对学院专指委的审议结果有申请复议权；

（五）根据专指委的工作、活动情况，有权从学院获得一定的报酬。

第十八条　委员有下列义务：

（一）认真履行职责，按时提交职责范围内所应完成的规划、报告、方案、计划等；

（二）完成学院委托的有关专业建设工作的任务；

（三）认真审批课程教学计划；

（四）积极参加现代学徒制专业的教学改革活动；

（五）积极参加专指委开展的其他工作。

第十九条　专指委在需要用表决的方式决定事项时，表决结果以超过全体委员数的 50% 为通过。

第五章　其　他

第二十条　专指委委员按照本章程完成各自工作任务后，按以下标准适当计算工作量：专指委主任 60 课时/年、副主任 50 课时/年、委员（秘书）40 课时/年。由学院于每学年结束前统一计发课时津贴（不重复计量，且就高不就低）。

第二十一条　本章程自发布之日起实行，其解释权属学院专指委。

现代学徒制双导师队伍建设实施方案

为加强现代学徒制双导师队伍建设，根据《永州职业技术学院现代学徒制试点工作实施方案》（永职院发〔2016〕12 号）和《永州职业技术学院现代学徒制试点项目管理办法（试行）》（永职院发〔2017〕14 号）有关要求，制定本方案。

一、指导思想与总体要求

坚持以习近平新时代中国特色社会主义思想为指导，以培养具有专业技能与工匠精神的高素质人才为核心，以校企深度融合、双主体协同育人、职责共担、共同发展的长效机制为着力点，建立互聘共用、双向挂职锻炼、横向联合技术研发和专业建设的双导师机制，打造一支高素质现代学徒制双导师队伍。双导师是指参与现代学徒制日常教育教学及管理工作的职业院校专任教师和企业中高级技术人员。双导师制度是实现现代学徒制人才培养目标的重要举措。

二、目标和任务

（一）培养目标

培养一支具有先进职业教育理念，教学科研攻关能力、课程开发与技术实践能力突出，并能适应现代学徒制人才培养教育教学和教育创新基本需求的、稳定的高素质双导师队伍。

（二）培养原则

校企双方是双导师的培养主体，双导师培养坚持校企"共同培养、互聘共用、双向流动"的原则。

三、具体措施及培养计划

（一）具体措施

（1）校企共同制定双导师队伍建设整体规划和培养方案，定期组织参加省内外专题培训，提升双导师职业素养。

（2）学校聘用企业技术骨干作为现代学徒制企业导师，企业聘用学校骨干教师作为技术顾问；学校对聘用的企业技术骨干进行职业教育教学能力培养，企业对学校骨干教师进行岗位技能培养。

（3）校企双方成立双导师工作室，制定双导师工作计划，开展现代学徒制日常教学教研工作。

（二）培养计划

时间	学徒学习地点	企业导师	学校导师
2017 年 11 月	湖南大北农望城科技园	赵爱平、谢求、刘利维、宋伟、胡友仁、邓云武、肖洁、肖尧文、张丽	高仙、唐伟、蒋艾青、黄祥元
2018 年 3 月—2018 年 7 月	永州职业技术学院	谢求、刘寒冰、胡友仁、刘利维	谢雯琴、陈松明、黄祥元、高仙、刘成、张昊、黄杰河、唐伟
2018 年 9 月—2019 年 3 月	湖南众仁旺种猪科技有限公司	贺国春、刘寒冰、吴帆、张亚男、李先冰、曾贵明、李成林、覃青青	高仙、刘成、张昊、黄杰河、唐伟
2019 年 4 月—2019 年 7 月	湖南大北农望城科技园	赵爱平、谢求、刘利维、宋伟、胡友仁、邓云武、肖洁、肖尧文、张丽	刘成、黄祥元、唐伟
2019 年 9 月—2020 年 3 月	永州职业技术学院	谢求、贺国春	谢雯琴、于桂阳、黄祥元、高仙、刘成、张昊、黄杰河、唐伟

四、组织保障

成立双导师培养与考核机构，执行实施部门主要由企业人力资源部与学校教务处组成。学校教师培养考核评价结果由学校组织人事部纳入年终考核成绩，并作为晋级晋职的重要依据。

双导师培养管理领导小组

组长：韩立路、赵爱平（企业）。

成员：卢璐、于桂阳、刘寒冰（企业）、谢求（企业）、张伟、胡友仁（企业）、蔡四旺（企业）。

五、管理、考核与评价

（一）管理主体

双导师管理实行双主体制，与学徒（学生）学习阶段、学习地点相对应，即在企业学习阶段，学校、企业导师的管理主要服从湖南大北农农业科技有限公司管理，永州职业技术学院协助；在学校学习阶段，学校、企业导师的管理主要服从永州职业技术学院管理，湖南大北农农业科技有限公司协助。

（二）日常管理

（1）双导师督查。校企双方负责监督、检查、考核双导师履行工作职责情况。在学校期间，由永州职业技术学院督导室尹颖、生物科学技术系教学督导蒋艾青对校企导师进行督查；在企业期间，由湖南大北农农业科技有限公司人力资源总监谢求、湖南众仁旺种猪科技有限公司李艳林进行督查。督查结果上报学院教务处、督导室和公司人力资源部。

（2）双导师资格终止与取消。凡不履行导师职责，不按现代学徒制畜牧兽医专业人才培养方案执行教育教学，或出现教学事故造成较大不良影响，或发生生产事故造成一定经济损失，或其他原因不宜继续担任导师职务的，经审核后，终止或取消其导师资格。

（3）双导师资格中止。由于客观因素影响，导师不能继续履行职责的，由导师向试点项目单位提出申请，经调查核实后，中止其导师资格。客观因素消除后，经校企双方同意可恢复其导师资格。

（4）双导师资源库建设。建立双导师人才库，将有一定行业影响力、技术全面、实践经验丰富的企业技术骨干人员及学校优秀专任教师的信息建档，收集入库并及时更新。

（三）考核与评价

（1）湖南大北农联同学院（具体由生物科学技术系实施）按照过程性评

价与终结性考核相结合的原则联合对双导师实行双主体考核，考核阶段以学徒（学生）学习阶段为参考。

（2）考核内容包括导师教学业务水平、课程设计与传授能力、学徒（学生）日常管理与职责履行情况、导师工作成效等，考核结果记入双导师业务档案。考核细则由各试点项目单位具体制定并执行。

（3）公司和学校安排相应经费用于双导师课酬、奖励等。

（4）将学校导师在湖南大北农、众仁旺种猪场等生产基地的实践和服务纳入教师绩效考核，并作为晋升专业技术职务的重要依据；将企业导师在永州职业技术学院承担的教学任务和带徒经历纳入企业员工业绩考评，并作为晋升技术职务等级的重要依据。

（5）对考核不合格的导师，取消其现代学徒制导师资格。

现代学徒制试点班合作办学协议书

甲方：永州职业技术学院（以下简称"甲方"）

乙方：湖南大北农农业科技有限公司（以下简称"乙方"）

为贯彻党的十八届三中全会和全国职业教育工作会议精神，深化产教融合、校企合作，进一步完善校企合作育人机制，创新技术技能人才培养模式，促进行业企业参与职业教育人才培养全过程，提高人才培养质量，促进职业教育更好地服务现代农业发展，推动职业教育体系和劳动就业体系互动发展，根据《教育部关于开展现代学徒制试点工作的意见》（教职成〔2014〕9 号）文件精神，甲、乙双方经友好协商，现就联合开展永州职业技术学院畜牧兽医专业 2017 级现代学徒制人才培养试点工作事宜达成如下协议：

一、合作原则

双方本着合作共赢、职责共担的原则，大力弘扬工匠精神，充分发挥各自优势和潜能，积极开展现代学徒制试点工作，校企联合招生、分段育人、多方参与评价的双主体育人机制。形成校企分工合作、协同育人、共同发展的长效机制，不断提高人才培养的质量，打造创新创业工匠人才。

二、合作方式与内容

1. 共建永州职业技术学院畜牧兽医专业 2017 级现代学徒制试点班，该班学制为全日制 3 年，办学地点为永州职业技术学院。

2. 联合招生招工。共同实施 2017 年永州职业技术学院畜牧兽医专业自主招生、公司招工。根据学生报名意向，双方协商确定录取人数。2017 年初步确定招生招工现代学徒制试点班学生（学徒）20—30 人。

3. 共同培养。校企共同制定人才培养方案，共同制定专业教学标准、课程标准、岗位标准和企业师傅标准，共同开发岗位技能课程与教材，共同组织课堂教学与岗位技能培训、职业资格考证，共同做好教师（师傅）师资队伍的建设与管理，共同组织考核评价等。甲方承担系统的专业知识学习和技能训练；乙方通过师傅带徒形式，依据培养方案进行岗位技能训练，实现校企一体化育人。

4. 共建永州职业技术学院畜牧兽医专业校企合作生产性实训基地。

5. 共同开展现代学徒制教学研究、技术服务等。

三、专业建设合作

1. 甲、乙双方开展畜牧兽医专业（群）对口交流，打造对接现代畜牧产业链的专业建设方案和课程教学资源。

2. 根据教学活动安排，双方在沟通的基础上，实现实训基地资源共建共享。

3. 在专业课程资源库建设中甲、乙双方合作开展畜牧兽医专业课程建设，充分利用各方骨干教师、专家和技术能手就专业与职业标准对接、实践教学平台建设、人才培养方案制定等方面进行合作。

4. 甲、乙双方根据现代学徒制教学特点的课程标准，结合国家职业资格标准，开发现代学徒制理实一体化特色教材。

5. 甲、乙双方合作建立现代学徒制试点班教学诊断与改进工作，保证人才培养质量提升。

四、科研教研合作

1. 甲、乙双方在教育科研项目申报、教学教研管理上合作开展相关工作。

2. 甲、乙双方定期交流现代学徒制试点课题研究成果。

3. 乙方按照自身发展所拟定的课题，根据需要可在甲方聘请课题合作者，共同完成研究任务。

五、师资队伍合作

1. 现代学徒制试点班的教学任务由甲方教师和乙方师傅共同承担，形成双导师制，建立健全双导师的选拔、培养、考核、激励制度，形成校企互聘共用的管理机制。

2. 乙方要选拔优秀高技能人才担任师傅，明确师傅的责任和待遇，师傅承担的教学任务应纳入考核，并可享受相应带徒津贴。

3. 乙方每年可派送1—2名教师到现代学徒制试点班进行教学，甲方每年安排1—2名教师到乙方进行实践锻炼。

六、权利与义务

（一）甲方权利与义务

1. 具备中华人民共和国规定的办学资质及真实合法有效的法律地位。

2. 负责提供己方现代学徒制试点办班及相关研究项目开展所需经费。

3. 因现代学徒制试点办班的特殊性，甲方负责岗位培训责任险和工服的购买、学校专职工作人员驻企补贴的发放等。

4. 负责开展招生宣传与录取，协助乙方开展招工宣传与录用。

5. 负责现代学徒制试点建设机构的筹建，组建学校工作人员队伍，选拔与配备学校专任教师。

6. 负责联系乙方共同做好现代学徒制试点班的生源和招生招工计划数申报、生源资格审查、考核选拔与招录、转专业、学生（学徒）协议签订、学生（学徒）中途退出的善后安排、补录等。

7. 负责现代学徒制试点班学生（学徒）的学籍管理、毕业资格审核、毕业证书发放等。

8. 负责现代学徒制试点班学生（学徒）校内学习的日常管理。

9. 负责联系乙方共同制定专业人才培养方案、共同开发理论与技能课程及教材、共同做好教师师傅"双导师"师资队伍的建设与管理、共同组织对教学过程和结果的考核评价、共同开展教学研究与项目研发及技术服务等。

10. 负责提供现代学徒制试点班校内运行所需的教学场所、教学设备，包括多媒体教室、实训室、图书阅览室、教学器材设备等。

11. 负责购置现代学徒制试点班校内课程配套的教材等教学资源。

12. 负责按照双方确定的人才培养方案、课程标准、课程表等教学文件落实现代学徒制试点班校内课程的教学组织与运行、教学质量保障与监控。

13. 负责现代学徒制试点班校内实训基地的建设。

14. 负责现代学徒制试点班校内教学资源库建设。

15. 负责向上级教育行政主管部门申请现代学徒制试点相关政策支持及项目申报。

16. 负责总结与推广现代学徒制试点工作经验。

（二）乙方权利与义务

1. 详细真实地介绍本单位的基本情况并提供相应的资质书面材料，保证具备真实合法的法律地位。

2. 负责对现代学徒制试点班学生进行必要的岗前培训，落实安全防范措施，发给相应的劳动保护用品；为学生（学徒）提供符合国家规定的安全卫生的工作环境以及工作上必要的劳动安全配置，保证其在人身安全不受危害的环境条件下工作；岗位培训期间，须充分考虑学生（学徒）身体素质条件，尽量避免安排学生（学徒）加班、加点或从事较重的体力劳动等。

3. 负责安排现代学徒制试点项目企业岗位培养工作。配合甲方根据专业教学计划并结合生产实际制定岗位培养计划，明确岗位培养任务，保证学徒制班学生在企业岗位培养时间不少于 6 个月，并指定责任心强、实践水平高的专业技术人员担任师傅，采取"师带徒"方式指导学生岗位培训，与甲方共同做好学生（学徒）岗位培养期间的管理工作。

4. 负责组建现代学徒制试点建设机构己方工作人员队伍，选拔与配备带徒师傅。

5. 负责与甲方共同做好现代学徒制试点班的生源和招生招工计划数申报、生源资格审查、考核选拔与招录、学生（学徒）中途退出善后安排、补录等。

6. 负责制订招工选拔标准、学徒协议、劳动合同等。

7. 负责现代学徒制试点班学生（学徒）在企业岗位培养的日常管理。

8. 负责与甲方共同制定专业人才培养方案、共同开发理论与技能课程及教材、共同做好教师师傅"双导师"师资队伍的建设与管理、共同组织对教学过程和结果的考核评价、共同进行项目研发与技术服务等。

9. 负责制定人才培养标准、岗位技能考核评价标准、学徒验收标准等。

10. 负责提供现代学徒制试点班在企业运行所需的工作场所、工作设备等。

11. 负责提供现代学徒制试点班学生（学徒）接受企业技能培训所需的学习资源等。

12. 负责按照双方确定的人才培养方案、课程标准、课程表等教学文件落实现代学徒制试点班企业技能培训的组织与运行、教学质量保障与监控。

13. 协助甲方建设校内外实训基地。

14. 负责学徒在企业岗位培养、生活、工作的人身安全。

15. 负责现代学徒制试点班企业参与人员的津贴、交通费等费用的支付。

16. 负责向上级主管部门申请现代学徒制试点相关政策支持及项目申报。

17. 负责推广现代学徒制试点工作经验。

七、保密要求

甲、乙双方均有义务对对方提供的一切资料、信息进行严格保密。如因泄密造成另一方损失的，另一方有权要求赔偿并保留追究相关法律责任的权利。

八、合作期限

双方合作期限暂定 3 年：从 2017 年 9 月起至 2020 年 8 月止。期满后双方再行约定。

九、其他约定

（一）本协议正本一式四份，甲、乙双方各执两份，具有同等法律效力。因执行本协议而形成的双方签字认可的各类教学文件，为本协议第三款内容的自然延伸，双方均应遵守执行。

（二）本协议自双方授权代表签字盖章之日起生效。双方应遵守有关条款，未尽事宜，可由双方协商解决或签订补充协议。

（三）若国家法律法规或政府相关政策变化时，相关事项按甲、乙双方另行协商补充约定，双方签署的补充协议具有同等法律效力。

甲方：永州职业技术学院　　　乙方：湖南大北农农业科技有限公司
　　　（盖章）　　　　　　　　　（盖章）
　　　地址：　　　　　　　　　　地址：
　　　电话：　　　　　　　　　　电话：
　　　法定代表人（签字）：　　　法定代表人（签字）：
　　　日期：　　年 月 日　　　　日期：　　年 月 日

现代学徒制试点项目三方协议书

甲方（学校）：永州职业技术学院

乙方（企业）：湖南大北农农业科技有限公司

丙方（学徒）：

  根据《教育部关于开展现代学徒制试点工作的意见》和《永州职业技术学院畜牧兽医专业现代学徒制试点工作实施》要求，丙方由甲方派遣到乙方企业，跟随乙方学习岗位技能，乙方按照甲、乙双方共同制定的《畜牧兽医专业现代学徒制人才培养方案》要求，指导培养丙方。为了积极开展现代学徒制试点工作，形成校企分工合作、协同育人、共同发展的长效机制，使项目实施计划具有较强的可操作性，推进畜牧兽医专业现代学徒制试点工作的有序开展，根据现代学徒制试点工作的进度要求，严格遵照《中华人民共和国劳动法》和《职业学校学生实习管理规定》做好现代学徒制试点项目组织管理工作，本着合作共赢的原则，三方在协商一致的基础上，就学徒培养与双主体育人等事宜达成如下协议：

  一、甲方的权利和义务

  1. 甲方负责现代学徒制试点建设机构中甲方工作人员及专任教师的选拔与配备。安排教师、管理人员到企业进行在岗工作，指派1—2名专业教师到企业全程参与学生教育教学管理工作。

  2. 甲方负责开展招生宣传与录取，协助乙方开展招工宣传与录用。甲方与乙方共同做好现代学徒制试点班的招生招工选拔工作，同时还要负责现代学徒制试点班学生（学徒）的生源和招生招工计划数申报、生源资格审查、学籍管理、毕业资格审核、毕业证书发放以及校内学习日常管理工作。

  3. 组织购买现代学徒制试点班学生（学徒）在读3年期间的意外伤害险和医疗保险。甲方应根据国家有关规定，为丙方投岗位培训责任保险。责任保险范围应覆盖岗位培训活动的全过程，包括学生培训期间遭受意外事故及由于被保险人疏忽或过失导致的人身伤亡，被保险人依法应承担的责任，以

198

及相关法律费用等。丙方进入乙方岗位培训前，甲方应事先对丙方进行必要的安全教育，就注意事项以及企业相关规章制度组织学习。

4. 甲方提供现代学徒制试点班校内运行所需的教学场所、教学设备、实验实训场地等。按照双方确定的人才培养方案、课程标准、课程表等教学文件落实现代学徒制试点班校内课程的教学组织与运行、教学质量保障与监控。学徒培养期间，甲方要本着有利于提高学生（学徒）职业素养和技能的原则，与乙方一起进行共同管理。

5. 结合岗位职责要求，甲方要与乙方共同讨论、制定《畜牧兽医专业现代学徒制人才培养方案》以及具体的学徒培训计划，向乙方派遣学徒，完善教学材料，共同开发相应课程，共同做好学校教师、企业师傅"双导师"师资队伍的建设与管理，共同组织对教学过程和结果的考核评价，共同开展教学研究与项目研发等。

6. 提供现代学徒制试点班办班及相关研究项目开展所需经费，并负责现代学徒制试点班相关经费的发放以及现代学徒制试点工作经验的总结与推广。

7. 在现代学徒制试点工作中，甲方要与乙方保持良好的沟通，针对计划的执行情况、计划的中途变动等进行定期或不定期交流。项目组要认真分析研究存在的问题，做出判断和建议，作为下一步实施的参考。

8. 建立奖罚制度，在学徒、下企业教师和师傅当中举行评优活动，对于优秀的带教师傅、下企业教师和学徒按相关奖罚制度进行表彰和奖励。

9. 对乙方反馈的丙方不良现象进行批评教育，或根据情节轻重进行处理。

二、乙方的权利和义务

1. 乙方采取有效措施积极参与现代学徒制人才培养全过程，包括教学、管理、评价等。负责现代学徒制试点建设机构中乙方工作人员、带徒师傅专门管理人员的选拔与配备。乙方师傅遴选标准要满足畜牧兽医专业现代学徒制师傅标准规定的要求。

2. 协助甲方共同做好现代学徒制试点班的生源和招生计划数申报、学徒资格审查与招录。

3. 乙方协同甲方共同制定现代学徒制人才培养方案、岗位技能考核评价标准，严格按照《畜牧兽医专业现代学徒制人才培养方案》的相关要求，对丙方进行相关知识的培训、企业文化培训、职业素养和操作技能的训练、职业生涯规划和就业创业指导。

4. 学徒培养期间，乙方与甲方一起负责现代学徒制试点班学生（学徒）在岗工作（培训）的日常管理。乙方应当对学生（学徒）进行安全防护知识、岗位操作规程教育和培训，并进行考核，未经教育培训或未通过考核的学生（学徒）不得参加岗位培训。乙方要落实安全防范措施，发给相应的劳动保护用品；为学生（学徒）提供符合国家规定的安全卫生的工作环境以及工作上必要的劳动安全配置，保证其在人身安全不受危害的环境条件下工作。

5. 学徒期间，乙方师傅应履行各自的工作职责，保持紧密合作，确保学徒受到应有的岗位技能训练。

6. 乙方根据丙方学习训练的要求，有计划地安排轮岗项目和针对性的训练内容，确保丙方达到所在岗位的技能要求。

7. 负责现代学徒制试点班企业培训期间的组织与运行，提供现代学徒制试点班企业培训所需的学习资源和技能训练教学场地。负责现代学徒制试点班企业参与人员的津贴、交通费等费用的支付。

8. 企业培训期间，乙方对丙方分为跟岗教学与岗位培养两个阶段进行考核，跟岗教学期间，乙方参考丙方的学习态度与阶段性学习效果给予1000元/月生活补贴；岗位培养期间，乙方参考相同岗位的报酬标准和岗位培训学生（学徒）的工作量、工作强度、工作时间等因素，合理确定岗位培养报酬，标准不低于乙方相同岗位人员试用期工资的80%，以货币形式及时、足额支付给学生（学徒）。乙方免费提供住宿，并让丙方享受国家规定的假期、补贴以及乙方举办的各种活动。培训期间，乙方还须充分考虑学生（学徒）身体素质条件，尽量避免安排学生（学徒）加班、加点或从事较重体力劳动等可能损害学生（学徒）身体健康的工作内容。

9. 学徒期满后，乙方对学徒所轮训的岗位技能进行评价考核，考核办法及标准由甲、乙双方共同制定，考核成绩由乙方评定。对考核不合格的学徒不予毕业，取消录用资格，由甲方进行召回，根据丙方申请，甲方可以批准降级。

10. 乙方协助甲方进行现代学徒制试点工作经验的总结与推广。

11. 学徒期满后，在丙方自愿的情况下，乙方对于表现优秀的学徒优先录用。

三、丙方的权利和义务

1. 学徒期间，丙方（学徒）应该服从甲、乙双方的共同教育和管理，应遵守国家的法律法规，服从乙方的安排及管理，遵守乙方的劳动纪律、各项规章制度及管理规定；保守技术秘密及商业秘密；培训结束后，及时移交工作资料和工具，未经允许的情况下，不得带走任何与工作相关的文件资料。

2. 丙方应严格按照甲方和乙方制定的人才培养方案，认真学习，掌握相关的技术技能。

3. 丙方在乙方岗位培养时间至少 6 个月，遵守企业学生（学徒）岗位培养的相应管理规定和要求，与校内指导老师保持联系，按照岗位培养的教学要求做好培训日记和报告的撰写，并接受企业和学校的考核。有关岗位培养结束后，丙方应按学校相关要求提交企业培训材料。

4. 丙方在乙方培训期间要严格遵守安全操作规程和技术工艺流程，保证学习和生活安全。丙方跟随乙方师傅进行指定岗位技能训练，要严格要求自己，虚心学习各项岗位技能，不断提高自身技能水平和职业素质，爱护设备，爱护工具，保持工作场地的清洁卫生，创造一个良好舒适的工作环境。

5. 丙方如因各种原因提出转专业或退学申请，须经甲、乙双方协商同意后方可转专业或退学。丙方不得擅自离开学徒岗位，如有正当原因确需离职的，需提前半个月提交书面申请，经乙方批准后方可离职，并作好工作交接。

6. 丙方在企业培训期间受到人身伤害，属于意外伤害保险赔付范围的，由承保保险公司按保险合同赔付标准进行赔付，甲、乙双方应当妥善做好救治和善后工作。不属于意外伤害保险赔付范围的，如因学徒违规操作、不服从管理发生伤害或参与不法活动等，由学徒本人负责。

7. 丙方应在规定 3 年内，最长年限不超过 4 年，修完人才培养方案规定内容，经甲、乙双方考核合格后，达到毕业要求准予毕业，由学校发给丙方全日制大专毕业证书。

8. 丙方应于入学 1 周内向甲方提交《现代学徒制试点班报名申请登记表》，甲方依据新生提供的资料进行严格审核。经甲、乙双方审核和综合考核录取的学生（学徒），在规定时间内办理相关确认手续并签订现代学徒制试点项目三方协议书。在签订本协议时，年满 18 周岁的丙方应该将此情况向家长

（或监护人）汇报并征得同意，年满 16 周岁未达到 18 周岁的学徒，须由学徒、监护人、学校和企业签订四方协议。

四、三方任何一方没有充分、及时履行义务的，应当承担违约责任；违反本协议规定条款给其他方造成损失的，都应由违约方予以赔偿，并承担违约责任。

五、本协议有效期限为 2017 年 9 月 20 日至 2020 年 6 月 30 日。自各方当事人签字或盖章之日起生效。

六、在协议履行过程中，其他未尽事宜，三方协商解决。

七、本协议书一式三份，三方各执一份。

甲方（公章）：

委托代理人（签字）：

签字日期：　　　年　月　日

乙方（公章）：

委托代理人（签字）：

签字日期：　　　年　月　日

丙方（签字）：

身份证号码：

签字日期：　　　年　月　日

主要参考文献

[1] 陈家刚. 认知学徒制理论与实践 [M]. 上海：华东师范大学出版社，2017.

[2] 孙玉直. 欧洲现代学徒制 [M]. 北京：中国劳动社会保障出版社，2016.

[3] 赵鹏飞. 现代学徒制"广东模式"的研究与实践 [M]. 广州：广东高等教育出版社，2015.

[4] 谭福河，阚雅玲，门洪亮，等. 现代学徒制项目实施方法 [M]. 广州：广东高等教育出版社，2019.

[5] 刘建林. 高等职业教育现代学徒探索与实践 [M]. 西安：西安电子科技大学出版社，2020.

[6] 滕勇. 基于现代学徒的顶岗实习教学模式研究 [M]. 北京：北京理工大学出版社，2018.

[7] 赵有生. 职业院校现代学徒育人模式的改革与实践 [M]. 北京：高等教育出版社，2019.

[8] 盖馥. 高职院校试行现代学徒发展环境研究 [M]. 大连：大连海事大学出版社，2019.

[9] 赵光锋. 西方现代学徒比较研究 [M]. 北京：中国水利水电出版社，2018.

[10] 关晶. 西方学徒制研究 [D]. 上海：华东师范大学，2010.

[11] 耿洁. 职业教育校企合作体制机制研究 [D]. 天津：天津大学，2011.

[12] 李政. 职业教育现代学徒制的价值研究：知识论的视角 [D]. 上海：华东师范大学，2019.

[13] 吴学峰. 中国情景下现代学徒制的构建研究 [D]. 上海：华东师范大学，2019.

[14] 贾文胜. 我国高职院校现代学徒制运行机制研究 [D]. 上海：华东师范大学，2018.

[15] 周倩慧. 现代学徒制下高职学生工匠精神培育研究 [D]. 济南：山东师范大学，2020.

[16] 李想. 高职院校实施现代学徒制的阻碍因素与行动逻辑研究 [D]. 石家庄：河北科技师范学院，2019.

[17] 顾心怡. 西方学徒制中师徒关系的演变及启示 [D]. 杭州：浙江师范大学，2018.

[18] 蔡荣雨. 新型农业高职院校现代学徒制培养模式研究 [D]. 天津：天津农学院，2018.

[19] 吕淑婧. 现代学徒制视域下职业教育微观运行机制研究：以河北女子职业学院为例 [D]. 石家庄：河北师范大学，2018.